KB082189

사물을 구체적으로 알기 위해서는 눈이 아닌 손이 필요하다

리처드 세넷Ricahrd Sennett

사물에 수작 부리기: 손과 기술의 감각, 제작 문화를 말하다

2018년 8월 8일 초판 인쇄 ✪ 2018년 8월 16일 초판 발행 ✪ **기획** 이광석 ✪ **지은이** 이광석 장훈교
최혁규 신현우 박소현 언메이크랩 전승일 김성원 ✪ **펴낸이** 김옥철 ✪ **주간** 문지숙 ✪ **진행** 오혜진
편집 김미영 ✪ **디자인** 박민수 ✪ **커뮤니케이션** 이지은 박지선 ✪ **영업관리** 김헌준 강소현 ✪ **인쇄** 스크린그래픽
제책 광현제책 ✪ **펴낸곳** (주)안그라픽스 우10881 경기도 파주시 회동길 125−15 ✪ **전화** 031.955.7766 (편집)
031.955.7755 (고객서비스) **팩스** 031.955.7744 **이메일** agdesign@ag.co.kr ✪ **웹사이트** www.agbook.co.kr
등록번호 제2−236(1975.7.7)

© 2018 이광석 장훈교 최혁규 신현우 박소현 언메이크랩 전승일 김성원
이 책의 저작권은 지은이에게 있으며 무단 전재와 복제는 법으로 금지되어 있습니다.
정가는 뒤표지에 있습니다. 잘못된 책은 구입하신 곳에서 교환해드립니다.

이 책은 2016년 교육부의 재원으로 한국연구재단의 지원을 받아 수행된 연구입니다.
NRF−2016S1A5A2A03927504

이 책의 국립중앙도서관 출판예정도서목록(CIP)은 서지정보유통지원시스템 홈페이지(seoji.nl.go.kr)와
국가자료공동목록시스템(nl.go.kr/kolisnet)에서 이용하실 수 있습니다.
CIP제어번호: CIP2018024240

ISBN 978.89.7059.970.0 (03300)

사물에 수작 부리기

손과 기술의 감각, 제작 문화를 말하다

이광석 장훈교 최혁규 신현우 박소현 언메이크랩 전승일 김성원

안그라픽스

기술로 수작하다

빅데이터, 가상·증강 현실, 인공지능, 사물인터넷, 포스트휴먼, 나노테크놀로지 등 오늘날 자본주의사회는 기술의 상찬으로 신들렸다. '4차 산업혁명'의 시대라 슬로건을 내걸고 '혁명위원회'가 구성되고 모든 과학기술의 향방이 이에 휘둘린다. 이미 차고 넘치는 기술에 또다시 국가가 나서서 불질을 하는 꼴이다. 인간의 역사를 다 뒤져봐도 그 어느 시절에도 이만큼 한꺼번에 몰아치는 기술혁명의 쓰나미는 존재하지 않았다. 문제는 이들 신종 기술이 중립의 것이 아니라 인간 삶에 깊숙이 들러붙어 사회의 가치를 재구성한다는 데 있다. 과거 인간의 기술은 삶을 구성하는 요소 가운데 하나였으나, 이제 이 혁명의 기술은 인간의 모든 곳에 스며들어 우리의 삶 전체를 규정한다. 우리 인간은 그렇게 동시다발적으로 연쇄 반응하면서 폭발하는 신종 기술혁명의 앙상블에 압도되고 있다.

아이러니하게도 인간을 이롭게 한다고 속삭이는 혁명의 기술이 주변에 차고 넘칠수록 미래에 대한 불안감은 더욱 커진다. 왜 그럴까? 가장 큰 연유는 가면 갈수록 인간이 기술을 부릴 통제 능력과 조작 능력이 퇴화하기 때문일 것이다. 오늘날 거대 기술의 미래 진화 방향은 갈수록 평범한 인간들의 삶과 멀어진다. 이를 소비하는 대중의 손끝과 말초신경의 감각만이 발달해갈 뿐이다. 현대인은 기계를 쓰는 데 능숙할지 몰라도 뭐 하나 제대로 다루는 데는 서툴다. 진정 무엇을 다룬다는 것은 그 기계와 기술이 지닌 고유 원리와 설계를 파악하고 최적의 쓰임새를 잘 알고 있을 때 가능한 일이다. 오늘을 사는 현대인은 과연 그런가? 자본주의사회를 살아가는 대부분의 현대인은 신흥 기계의 고삐를 꽉 움켜쥐고 있으나 이를 어찌 부릴지,

그것이 어떤 원리로 작동하는지 전혀 모르는 신생아 같다. 그러니 기술의 미래를 보는 눈도 사라져 점차 근시안으로 바뀔 수밖에 없다. 결국 우리에게 차고 넘치는 기술들은 미래에 대한 투명성과 권능을 부여하기보다는 우리 자신도 어찌하지 못하는, 저 멀리 어두컴컴한 '암흑상자black box' 같은 밀봉된 미래로 인도한다.

책 제목이기도 한 '사물에 수작 부리기'는 이렇듯 기술 소외로 퇴화하는 현대인에 대한 비판적이고 성찰적인 대응이자 미래 생존과 공생의 해법으로 기획되었다. 이 책은 '제작' 혹은 '수작'을 통해 기술 과잉의 시대에서 잃어버린 인간의 감각을 되찾고 기술 사회의 전망에 대비하기 위한 문제의식으로 만들어졌다. 자본주의 공장에서 찍어 만든 복제된 사물들과 이들의 질서는 오늘날 우리를 이들 소비시장에서 사육되는 수동적 인간형으로 길들여왔다. 자본주의 시장에서 복제된 사물의 질서는 우리에게 선험적으로 이미 존재하는 것들의 강요된 소비와 표준화된 체험만을 강요해왔다. 자율의 방식으로 사물과 기계를 고쳐 쓰고 이를 새롭게 해석하는 지혜는, 이미 지배적 질서 안으로 비집고 들어설 자리가 없다.

이 책은 바로 이제까지 자본주의 기술의 사물을 마치 사료 삼아 먹고 자라 탐색과 자율의 감각을 잃은 현대인이 처한 기괴한 모습에서 과감히 벗어나 적극적이고 실천적인 저항을 촉구하는 메시지를 담고 있다. 본문에서 강조하는 '수작'은 손과 몸으로 기계와 사물을 더듬어 지혜에 이르는 '수작手作' 부리는 행위이기도 하고, 그 사물의 질서에 비판적 딴죽을 거는 '수작酬酌' 질이기도 하다. 이 책에서 수작은 줄곧 스스럼없이 받아들이고 오로지 쓰는 데만 익숙해 사물과 기술의 질서를 대하는 우리 현대인의 안이함과 무기력함을 일깨우기 위한, 손과 몸을 매개한 인간의 적극적인 실천과 개입으로 이해하면 좋겠다.

궁극적으로 이 책은 줄줄이 우리 앞에 서 있는 4차 산업혁명의 첨단 요소들, 즉 자본주의 늑대의 가면 앞에서, 오히려 수작·제작을 통해 공생공락convivality, 탈성장de-growth, 회복력 resilience, 어소시에이션association 등 느리더라도 공동의 호혜적 가치를 보장하는 사물 세계의 민주적 패러다임을 함께 고민해 볼 것을 요청한다. 과학기술의 성장주의와 발전론은 종국에 인류를 사물과 과학기술에 대한 통제 불능이란 파탄의 길로 이끌 공산이 크다. 기존 과학기술의 성장, 발전, 승자독식 개념을 공동체적 공생의 수작과 제작을 프레임으로 재규정하는 노력이 필요하다. 4차 산업혁명의 허상에서 대중과 그리 인연 없는 기술 경제성장의 동력을 찾으려 헤매기보다는, 이제라도 조금 느리더라도 주어진 환경에 맞춰 움직이려는 제작 문화의 구상, 즉 기계와 인간의 공존을 찾는 '기술과 몸의 앙상블'이란 문명의 지혜를 찾을 필요가 있다.

책의 구성과 내용

이 책을 함께 구성한 필자들은 제작 문화 관련 연구에 몸담고 있을 뿐만 아니라, 이미 대안의 교육 설계, 문화 실천 그리고 예술 현장에서 몸을 움직여 가치 찾기를 시도하고 있는 당사자들이기도 하다. 다만 필자들 각각 글의 질감이 다른 이유는 제작 문화를 대하는 사회 감각과 현장 배경이 다채로운 까닭이다. 책은 겹겹이 서로 다른 색깔을 지닌 논의들을 그대로 살린 채 크게 두 묶음으로 나누었다. 먼저 1부 제작의 '심'에서는 주로 제작의 미학적 가치와 철학, 역사, 담론을, 2부 제작의 '꼴'에서는, 즉 그것의 구체적 양상과 실천 방법을 논한다. 전자가 주로 수작과 제작 관련 이론에 방점을 두고 있다면, 후자는 그 현실에서 관찰되는 제작 문화의 실제 모습이 어떠한지를 비판적으로 전달한다.

우선 1부 제작의 심을 여는 첫 글에서, **이광석**은 제작의 정의, 특징, 미학 그리고 그것의 실천적 가능성과 한계를 차례로 정리하고 있다. 여기서 제작 문화를 이해하는 방식은, 동시대 기술 환경은 물론이고 우리 주위를 둘러싼 모든 사물과의 관계에 대한 성찰적이고 공생의 관계론이다. 그리고 사물을 꿰뚫어 보는 제작의 힘이란, 사물을 요리조리 뜯어보고 다시 고쳐 쓰면서 현대 자본주의가 강제하는 몸 감각의 퇴화를 유보하고 사물의 이치를 간파할 때 생성된다고 말한다. 물론 제작하는 감각을 단순히 개인 차원의 자족 행위로 삼는 것을 넘어서길 요청한다. 사람과 사람의 호혜적 관계 속에서 사물에 대한 공통 감각을 개발해 상생과 공존의 삶을 도모하려는 구체적 실천으로 확장하자는 것이다.

장훈교의 글은 우리가 사는 도시의 미래 설계와 제작 문화 전망과 비전을 연결하려 한다는 점에서 그 논의가 구체적으로 살아 있다. 특히 그는 서구의 탈성장 운동과 제작자 운동이 국내에 정착하는 방식을 주목하고 이 둘의 융합을 도모한다. 그로부터 구태의 시장 발전주의적 지향을 완전히 털어내고 '성장 이후'의 구체적 미래를 구상하려 한다는 점에서 이론적으로나 실천적으로 의의가 크다. 그는 이 둘의 운동을 통해 궁극적으로 인간과 사물의 관계를 재정립하길 요청하면서, 소비를 줄여 하나의 상품을 고쳐 쓰는 '절제'의 방법과 함께 자본주의 상품 의존을 줄이는 대안 제작의 방법을 모색하자고 제안한다.

최혁규는 제작 문화를 둘러싼 국내 지형을 분석한다. 그는 국내 제작 문화에 대한 논의들을 크게 세 가지로 나누어 살피고 있다. 중앙정부에 의한 경제주의 담론, 서울시나 관련 정부 연구기관들을 통한 사회혁신 담론, 문화와 예술 현장을 둘러싼 비판적 제작 담론이다. 그의 글은 제작 담론의 지형과 형세를 살피는 목적을 지니고 있지만, 동시에 국내 제작 문화의 역사적 전통과 맥락, 이미 국내 제작 문화의 주류가 된 '메이커 운동'의 확산 의도, 창작·제작 담론들의 상호 관계 등을 이해하는 데 좋은 길잡이가 될 것이다.

1부를 마무리하는 **신현우**의 글은 주류화된 메이커 문화의 질서 속에서 궁극적으로 제작 문화의 대안 찾기가 무엇일까를 우리에게 되묻고 있다. 우선 그는 'DIY자가제작 운동'의 비판적이고 실천적인 전사를 통해 제작 문화의 옛 계보를 따지는 한편, 현재 진행 중이나 그 비판적 태도에서 벗어난 '메이커 운동'의 자본주의적 포획을 크게 우려한다. 특히 그는 국내 메이커 운동의 주류적 진행 방향이 일종의 '국가발전 산업모델'의 연장이 될 소지가 크다는 점을 경고한다. 그리고 대안으로 카를 마르크스Karl Heinrich Marx의 '어소시에이션' 개념을 가져와 자본주의적 노동과 생산의 굴레로부터 해방된 개인들의 연대와 상호 공동체를 만들어 기술사회적 지평의 확장을 꾀하자고 말한다.

1부 네 편의 글이 주로 오늘날 제작 문화의 위상학적 지형을 그려내고 이로부터 대안 구성까지 논의하고 있다면, 이제 2부 제작의 꼴에 담긴 네 편의 글은 좀 더 현장의 목소리에 가까운 경험과 통찰이 담겨 있다.

우선 **박소현**의 글은 '크리티컬 메이킹비판적 제작 문화'이라고 하는 서구에서 시작된 제작 문화의 주요 개념적 논의를 정리하고 있다. 예컨대 '만들기'와 '비판적 사고'를 통합적으로 사유하는 제작 문화의 근원, 주류화된 '메이커 문화'에 대비되는 제작 문화의 비판 정신 그리고 제작 행위를 통한 문화정치적 저항과 개입을 강조하고 이의 주요 논점들을 잘 요약하고 있다. 그는 서구에서 성장한 이와 같은 제작 문화의 비판적 전통과 달리, 이미 국가 주도형 사업이 되어 다양한 시민사회의 공적 가치 개입이 요원해진 국내 4차 산업혁명의 과잉을 현실 개혁의 대상으로 삼아 접근할 것을 요청한다.

이어지는 세 편의 글은 그들 스스로 창작과 제작을 몸으로 수행하면서 얻은 제작 이론적 결과물이라 소중하다. 먼저 **언메이크랩 최빛나, 송수연** 듀오의 글은 사물로서 '키트'를 매개해 1960년대부터 시작된 국내 제작 문화의 역사를 살피고 있다. 이들은 기술의 '사회문화사'와 '고고학'적 접근을 통해 키트를 관찰하면서, 그 사물이 닫힌 완제품의 기술이라기보다 이용자의 해석과 다른 사물과의 접합으로 무한히 열린 과정적·매개적·수행적인 것으로 평가한다. 이는 두 사람이 키트를 상업화된 기술의 '암흑상자'라 간주하기보다 사물의 원리를 이해하며 구축하는 '회색상자'로 보고 접근하는 태도와 맞닿아 있다. 이미 주어진 키트의 용도를 넘어서거나 이로부터 변형을 추구하려는 언메이크랩의 '메타적' 사물 접근 방식은 이들을 추상 논의에 안주하지 않고 몸을 움직여 실천하는 창작 듀오로 만든 배경이기도 하다.

다음 글은 일반인에게는 생소할 수 있는 '오토마타Automata' 예술을 행하는 **전승일** 작가의 것이다. 그는 고대 그리스 시대에서 시작된 오토마타, 즉 자동인형기계의 동서양 역사를 소개하고 있다. 흥미롭게도 자본주의 자동기계와 오토마타의 다른 점을, 인간의 미학적 이상과 감성이 이입된 자동인형의 운동성과 생동성에서 찾고 있다. 그는 자본주의의 표준화된 기계와 사물의 꽉 짜인 시장 질서가 주는 지루함이 아니라, 자동으로 반복해 움직이지만 인간의 감성과 상상력이 응축되고 스며들어 내적으로 결합된 사물이 우리에게 주는 감정적 희열을 높이 산다.

마지막으로 이 책을 정리하는 글을 쓴 생활기술 실천가 **김성원**은 그 자신이 몸소 경험한 자전적 수작론을 펼치고 있다. 먼저 그는 동시대 제작자 운동이 불붙은 경위에 전 세계 자본주의 금융과 발전 위기가 가로놓여 있다고 서술한다. 자본주의 구조적 위기로 기왕에 열린 오늘의 제작자 운동을 우리가 잘 보듬어 인간 삶을 이해하고 풍요롭게 하는 촉매로 적극 견인해 가야 한다고 제안한다. 그는 살면서 생활기술이자 적정기술의 일환으로 삼아 오랫동안 흙, 실, 철, 석조, 볏짚, 목공 작업을 통해 손과 몸의 감각을 익혀왔고 이로부터 사물의 원리를 이해하고 삶을 재조직할 수 있었다는 점을 우리에게 강조한다.

사물 탐색의 실천학을 위하여

이 책은 한자리에 모이기에 어색할 수도 있는 혹은 어울릴 것 같지 않은 사람들이 '제작'이라는 화두로 각자의 관련 주제를 들고 콜로키움 발표를 하고 그 초벌을 다듬어 모은 결과물이다. 주장하는 목소리가 다르고 글의 색깔이 고르지 않으나, 고도화된 기술사회를 대비하는 칼과 방패를 제작 문화에서 찾는다는 점에서 공통의 문제의식을 공유하고 있다.

서로 다른 이들이 한데 모여 기획과 발표, 토론을 한 뒤 그로부터 개별 원고를 묶어 단행본 작업까지 오는 데 어느덧 일년여 시간이 훌쩍 지나버렸다. 그동안 보이지 않는 곳에서 그림자노동을 하며 묵묵히 고생한 이가 많다. 특히 콜로키움을 진행하면서 서울과학기술대학교 IT정책대학원 디지털문화정책전공 대학원생과 돌곳이 생활예술문화센터 사람들이 많이 애써주었다. 이런 우리의 거친 결과물을 받은 출판사 안그라픽스에서 책으로 다듬는 수고 또한 아끼지 않으셨다. 일일이 이름을 거론하지 않지만, 그들 한 명 한 명에게 진심으로 감사와 우정의 마음을 전한다.

이 글을 마무리하는 순간에도 하이테크로 버무려진 세상은 점점 우리의 통제와 이해 능력 밖에서 움직이고 있다. 예컨대 페이스북Facebook의 마크 저커버그Mark Zuckerberg는 이용자 정보 유출 방조 혐의로 미 의회 청문회에 섰고, 우버Uber의 무인자동차는 최초로 사람을 치어 숨지게 했으며, 유럽 국가들에서는 디지털 시민 권리에 대한 공적 논의를 본격적으로 다루기 시작했다. 글로벌 거대 신흥 기술 문화의 패러다임 한가운데서 우리가 제기하는 제작 문화의 비전은 어디쯤에서 자리 잡거나 맴돌고 있을까? 물론 우리의 이 소박한 주장들은 반문명의 기술 탈출론도 거대 기술의 폐해 속에 작은 기술만을 보듬는 이상주의도 아니다. 우리는 이 책을 읽을 독자에게 몸소 제작 수행을 통해 기술이 우리에게 손짓하는 과잉의 신기루에 부화뇌동하지 않고 각자를 둘러싼 사물들의 '심'을 궁구하면서도 다양한 '꼴'을 실험하려는 용기를 북돋고자 한다. 현대인의 기술 무기력증이 사실상 근거 없는 기술 추종에서 온다고 본다면, 기계의 근본 이치를 따져 묻고, 이를 재배치하고 역설계reverse engineering하려는 자율과 자생의 사물 탐색의 실천학이 그 어느 때보다 요구된다. 인류는 제작 행위를 기술 과잉의 미래를 억제하고 지구 환경과 사물의 제자리를 찾기 위한 중요한 수행이자 실천으로 간주하는 것이 마땅하다.

2018년 8월

이광석

제작의 꼴

심

제작 문화, 사물 탐색과 공생의 실천

시민제작도시, 도시의 전환을 위한 탐성장 제작자 운동

페이커 문화의 담론적 지형

자본의 페이커 문화 속 어소시에이션 상상하기

이광석

장훈교

최혁규

신현우

제작 문화, 사물 탐색과 공생의 실천

이광석

서울과학기술대학교 IT정책대학원 교수

제작이란?

이 글에서 '제작製作'을 '메이커maker' 혹은 '메이킹making' 개념과 구분해 접근하려고 한다. '4차 산업혁명'의 하위 영역으로 자리한 '메이커 문화Maker Culture'를 영어식으로 옮긴 말과는 좀 쓰임을 달리하려는 것이다. 서구에서 들어온 지금의 '메이커 운동Maker Movement'이나 '메이커 문화'는 새로운 이용자 창작 활동에 기반한 기술 브랜딩이자, 문화산업과 과학문화 진흥사업 등 정부의 신규 정책에 가깝다. 이는 사물의 원리에 대한 이해 없이 제작의 겉모습과 스타일만 모방해 특정 경제 가치를 담은 첨단기술 아이템에 연계시킨 것을 봐도 알 수 있다. 즉 하이테크 사물의 기능에 숙달된 달인과 장인 만들기 범국민 프로젝트가 우리네 메이커 운동의 실체인 셈이다.

반면 이 글에서 제시하는 제작의 개념은 '인간과 사물' '인간과 인간'이 호혜와 공생의 관계를 새롭게 맺는 수행 과정에 가깝다. 좀 더 풀어 쓰면, 제작은 인간 두뇌와 양손을 활용해 사물의 본성을 더듬고 변형을 가하는 능동의 과정이며, 이 과정에서 신체가 얻은 성찰을 다른 이와 함께 나누는 사회적 실천 행위이다. 또한 우리 주위의 사물matter: material과 하드웨어를 만지며 테크놀로지의 원리를 깨닫고 설계하는 과정이다. 동시에 비물질의 디지털 (빅)데이터를 자원으로 한 소프트웨어의 특성, 알고리즘, 다이어그램을 이해하고 그 구조적 원리를 찾는 일이기도 하다.

이를 토대로 제작 문화의 특징을 요약해보면 다음과 같다. 먼저, 제작은 주로 기성의 사물에 변형을 가해 새 생명을 불어

넣는다는 점에서 사물에 '비판적critical' 해석을 가하는 뇌의식 과정을 동반한다.[1] 인간이 관계를 맺고 사는 사회와 문화에 대한 본질을 파악하기 위해 '비판'의 학문 자세가 필요하듯, 제작은 산업기계의 논리를 넘어 사물에 대한 수행성을 통해 이미 권력화된 사물과 기술의 이치를 꿰뚫어보려는 '비판' 혹은 '성찰' 행위라 볼 수 있다. 즉 제작이 '비판적'인 까닭은 실제 인간이 사물과의 교감을 통해 사물의 현재 쓰이는 기능과 의미 너머를 살피기 때문이다. 우리는 이런 비판적 접근을 통해 사물의 본성과 이치를 찾아 그에 맞게 되돌리거나 변형함으로써 잃어버렸던 기술의 구조와 원리에 대한 지혜를 회복할 수 있다.

둘째, 제작은 시장 기술에 대한 반反권위의 유쾌한 실험이자 수행적 탐색이다. 오늘날 급변하는 기술혁명 시대에 물리적 대상에 손과 몸을 써서 사물의 이치를 궁구하자는 말이 마치 반문명론이나 기술 낭만주의를 도모하는 것처럼 들릴 수 있다. 하지만 제작은 인간이 이룬 기술 문명을 부정하지 않고 오히려 그 원리를 이해해 지혜에 이르는 최선의 방도이다. 이는 로우테크 사물은 물론이고 인공지능AI 로봇처럼 하이테크까지 자유로이 관통할 수 있는 인간의 능력과 통찰을 필요조건으로 삼는다. 예컨대 첨단기술의 '암흑상자'에 손을 넣어 어두운 곳 뭉글뭉글하게 잡히는 사물이나 기계의 질감을 '이리저리 느끼고 만지작거리는 행위tinkering, 땜질'는, 처음에는 낯설고 어려워 공포감에 휩싸일 수 있다. 그러나 곧 그것의 정체를 깨닫는 순간, 기술 공포는 기계 설계에 대한 흥미진진한 탐구 행위로 바뀌어버린다.

셋째, 제작은 사물과의 교감을 통해 기술의 설계 원리를 체득하면서 통찰의 기쁨과 동시에 몸의 퇴화된 감각들을 되찾는 과정이다. 물론 시작은 어렵다. 인간 몸의 감각이 반세기 넘게 소비자본주의consumer capitalism 양식에 길들여져 있기 때문이다. 현존하는 자본주의 기술 질서는 끊임없이 인간의 사회 감각을 후퇴시켜왔다. 자본주의사회에서 강제하는 인간 몸 감각의 수동성은 소비하는 주체의 탄생과 맞물려 있다. 그럼에도 손끝에 닿는 사물의 질감을 익히다 보면 우리 몸을 일깨워 그것의 설계와 원리를 이해하게 된다. 이처럼 몸으로 부딪쳐 사물의 질감을 느끼는 수행성의 미적 체험은, 시계 수리공의 손끝에 닿는 태엽 감촉에서, 플랫폼 알고리즘을 짜는 프로그래머의 코딩 설계에서, 의자를 만들기 위해 나무를 자르는 목공의 손작업 등에서, 인간과 사물이 맺는 조화로운 관계를 통해 이루어진다. 제작은 이렇듯 암흑상자 같은 사물과 기술에 대한 현대인의 무딘 몸을 일깨워 잃어버린 자율 감각을 회복하는 행위이다. 이 점에서 제작은 기술적 대상과 함께 몸 전체로 관계맺기를 시작하지만 궁극적으로 사물에 대한 비판적 인지에 이르는 성찰의 과정에 가깝다.

넷째, 제작은 자본주의 지식재산권의 강제와 기술 코드로 사물을 불구화한 첨단기술의 '암흑상자'를 우회하거나 벗어나도록 이끄는 현대인의 생존 가이드 혹은 기술 공생의 방법이다. 자본주의는 노동의 산물을 제작자에게서 소외시키고, 제작된 사물의 내면을 들여다볼 권리와 거의 모든 지식재산에 대한 자유로운 접근권을 박탈해왔다. 이 가운데 우리 대부분은 자본주의 소비형 인간으로 퇴화했다. 사물을 기술적으로 우회하거나 열어보는 것이 불법인 지식재산권 체제 때문에 현대인의 몸 감각은 반강제적으로 무뎌질 수밖에 없었다.

상품화된 사물 설계의 이런 폐쇄성은 '계획적 진부화planned obsolescence'로 더욱 악화되었다. 사물을 강제 폐기해 소비자가 사물의 원리에 익숙해지는 것을 막는 기제는, '최신'이란 미명 아래 거의 모든 것을 진부화하는 식으로 이루어졌다. 강제 소비와 스펙터클의 욕망을 동원해 상품화한 사물의 시장 순환과 속도의 조절 속에서, 우리는 '진부함'과 '구식'에 불편해하고 최신 기종과 첨단 사양을 지닌 사물에 열광하도록 길들여졌다. 예컨대 우리는 스마트폰을 매일 사용하면서 기계를 열어볼 접근 권리가 크게 없지만, 설령 열어보더라도 이를 어찌하거나 고쳐 쓸 능력이 없는 인간이 되었다.

다섯째, 제작은 인간과 사물의 새로운 관계를 통해 개인의 내적 성찰에 다다르는 과정이기도 하지만, 자신이 경험한 것을 타자와 공통화해 사물의 원리를 함께 나누면서 '공생공락'을 이루는 연대의 과정이기도 하다.[2] 홀로 몸의 감각을 일깨우는 행위가 개인의 심리적 힐링에 머무를 공산이 크다면, 인간과 사물 사이의 경험이나 기억을 확대하는 일은 보다 넓게 내몸과 타자의 몸이 부딪치며 평등하게 소통하는 사회적 협업과 증여의 가치와 관계한다.

종합하면, 사물을 뜯어보고 다시 고쳐 쓰는 제작 문화는, 자본주의가 강제하는 몸 감각의 퇴화를 유보해 사물의 전체 구조와 설계를 보는 현실 감각을 되찾고, 사물에 대한 공통 감각을 개발해 상생과 공존의 삶을 도모하려는 인간의 구체적 실천 행위라 할 수 있다.

제작은 최근의 현상이 아니다. 역사적으로 오래전부터 제작과 흡사하게 사물을 다루는 전문 영역이 존재해왔다. 예컨대 장인(匠人) 문화가 그렇다. 천부적인 손재주를 지닌 도공이 수습공을 오랜 기간 훈련시켜 대대로 은밀하게 비밀 지식(祕笈)이나 방법을 전수하는 방식은 이의 대표적 사례다. 하지만 이와 같이 특정 사물의 이치를 터득한 이들이 취하는 은밀한 지식 전수 방식은 매우 소수의 제한된 인적 관계에 머문 제작 문화라 볼 수 있다. 즉 사물에 대한 비급은 장인이 가장 아끼는 제자를 제외하고는 외부에 닫혀 있어서 그의 신변에 탈이라도 나면 아예 공개가 불가능하거나 사장되는 일이 빈번했다. 무엇보다 문제는 이 비급 또한 사물과의 끊임없는 소통에서 나오는 지혜의 소산이 아닌 만병통치약같이 배타적 매뉴얼로 굳어 쓰이는 경우가 흔했다.

장인만큼은 아니어도 산업자본주의 체제에 접어들면, 매뉴팩처manufacture나 수공업 공정에서 기계를 만지는 숙련공 또한 자신이 속한 조직에서 뛰어난 달인과 같은 존재였다. 하지만 숙련공이 공장에서 사물이나 기계를 매개하는 수행성은 사실상 인간의 자율 감각을 찾는 행위로 보기 어려웠다. 자본주의 구조적 이윤 수취의 공정에 몸을 맡기는, 즉 특정 몸의 기계 종속화 과정으로 감각이 굳어지는 단순 반복 노동의 성격이 강했다. 자발적인 작업의 통달이나 감각의 확장이 아닌 누군가에게서 주어진 강제 분업이기에, 숙련공의 노동은 사물에 대한 감각이 분절된 자본주의 기계 노동에 가까웠다.

강제 분업화로 사물에 대한 인지 감각이 분절된 자본주의 기계 노동과 달리, 제작을 매개한 몸 감각의 회복은 사물을 통합적이고 구조적으로 보게 함으로써 생산의 예속적 상태를 벗어나게 한다. 마르크스는 자본주의적 기계 생산이 강제하는 노동의 예속 상태를 포착하고, 그 사슬을 끊을 때만이 삶의 모든 영역에서 우리의 몸 감각이 되살아날 것임을 일갈했다.

> 사적 소유로부터 해방된 노동에는 우리의 모든 감각과 능력,
> 요컨대 "보기, 듣기, 냄새 맡기, 맛보기, 만져보기, 사유하기,
> 명상하기, 느끼기, 원하기, 활동하기, 사랑하기 등 인간이
> 세계와 맺는 관계들" 모두가 동시에 관여하게 된다. 노동과
> 생산이 삶의 모든 영역에 걸쳐서 이런 식의 확대된 형태로
> 파악된다면, 신체는 결코 사라질 수 없을 것이고
> 어떤 초재적인 척도나 권력에도 종속될 수 없을 것이다.[3]

제작 문화는, 마르크스가 언명한 "사적 소유로부터 해방된 노동"이 우리 앞에 도래하기 전에 이를 어느 정도 미리 현실에서 보여줄 여지를 갖고 있다. 오늘날 시민들의 제작 행위는 인간의 본원적 몸 감각을 되찾고 기술 예속으로부터 벗어나려는 인간 해방에 일종의 징검다리가 될 수 있다. 현대 자본주의사회가 갈수록 지능화, 첨단화 되는 현실에서 제작을 매개한 노동 해방적 역할은 더욱 커질 것이다. 요컨대 사물과의 공생 감각에 의존한 제작 문화는, 인간에게 사물의 통합적이고 구조적인 설계를 읽게 해 작업장에 종속된 존재가 아니라 삶의 자율적 주체로 사물을 마주하도록 이끈다. 제작 문화는 과거 장인

의 도제식 비밀주의나 숙련공의 기계 예속과 달리 인간과 사물의 평등한 관계를 지지하는 '네오Neo-장인'적 제작자들을 키워낼 것이다.

무엇인가를 만들고 변형하고 덧대는 제작 행위에는 매우 보편적이고 평등한 문화가 깔려 있다. 제작 문화는 누구나 손쉽게 적은 비용으로 생산과 소비 기술에 접근하고, 짧은 시간에 오픈소스open source형 매뉴얼을 통해 그 원리를 익혀 창작물을 만들어내는 테크놀로지의 민주적인 개방 아래에서 뿌리내린다. 오늘날 제작의 범위는 목공, 뜨개질, 화로, 아궁이, 가구 제작 등 핸드메이드 문화부터 아두이노Arduino, 3D프린터 등 오픈소스 하드웨어와 소프트웨어를 활용하는 제작 행위 모두를 아우른다. 제작을 굳이 청년 세대의 하이테크 놀이로 국한할 필요가 없는 이유이다. 제작은 다루는 사물과 재질이 무엇이냐가 아니라 '인간과 사물' '인간과 인간'의 상호 공존과 공생의 가치를 어떻게 확장할 수 있느냐에 무게중심을 두어야 한다.

제작은 실제 아무것도 없는 무無에서 무엇인가를 새롭게 창조한다는 의미보다는, 사물이 새롭게 구성되는 과정에서 그 원리를 체득하고 깨우치는 '과정주의적' 혹은 '구성주의적' 삶의 지혜 추구에 가깝다. 삶의 현장에서 보자면, 제작은 자본주의적 시장 기능과 쓸모가 다한 사물과 기계를 깨워 뜯어보고 뒤섞고 덧대어 새롭게 혼을 살리는 행위이다. 오늘의 '인류세人類世, anthropocene'를 보라. 온갖 전자 기계, 반환경 폐자재 등 수없이 폐품이 된 사물들로 인류는 거의 압사 직전에 이르렀다. 이들 대부분은 수명이 다하지 않은 상태서 인위적으로 폐기되는 바람에 '좀비zombie' 사물이 되어버렸다. "새로운 사물이 한순간에 구식이 되는" 현실에서 첨단 기술을 추구하기란 사실상 무망하다.[4] 그래서 제작은 죽은 듯 보이는 사물을 되살리려는 의미에서, 소비자본주의의 '폐기 문화throwaway culture'와 싸우는 일에 가깝다.[5] 그렇게 사물에 누적된 경험을 버리지 않고 이를 새롭게 재해석하는 창의적 과정은, 수리repair, 땜질, 업사이클링upcycling,[6] 서킷벤딩circuit bending, 회로 구부리기,[7] 애드호키즘adhocism,[8] 중창重創[9]으로 불리며 제작 실천의 지혜를 제공하고 있다.

　제작의 이런 가족적 유사 개념들은, 이미 사물 설계에 관여한 전문가 손을 거쳐 거래되는 시장 상품 혹은 폐기된 사물이더라도 시민 스스로 이를 재전유해 '공통의common' 통제력 아래 두려는 주체적 행위를 부각시킨다. '수리'가 가미된 제작 개념은 우리에게 기술 활동이 갖는 흔한 관성을 뛰어넘도록 한다. 다시 말해 제작은 오래되어 죽은 듯 보이는 것과 새롭게 추가된 것 사이의 원활한 통섭 과정을 통해 궁극에는 명을 다한 사물들을 인위적으로 되살려 새로운 생명을 불어넣는 생태 '회복력'의 지구환경정치적 전망을 이끈다.

사물 탐구의 제작 미학

1980년대 이래 디지털 문화의 부흥과 함께 최근까지도 '프로슈머참여형 소비자' '컨버전스 문화' '미디어 3.0' 등이 논의될 정도로 현대인들의 기술 이용 능력은 꽤 추앙을 받아왔다. 제2차 세계대전 나치 시절 라디오의 대중 선전으로 쉽게 전쟁에 동원되었던 수동적이고 무기력한 군중을 떠올려보면, 오늘날 현대인의 미디어 기술 활용력은 격세지감이다. 오죽했으면 '이용자 연구'라는 독립 분과 학문 영역이 새롭게 만들어졌겠는가.

그런데 문제는 인간의 미디어 활용과 진화의 역사가 인류에게 사물을 제어하는 능력과 지혜를 곧장 동반하지 않는다는 사실이다. 대신 첨단기술과 뉴미디어를 소비하는 인간의 손끝과 말초신경의 감각만이 과잉 발달해왔다. 현대인은 기계를 즉흥적으로 사용하는 데 능숙하지만 사물 고유의 내적 설계를 파악하는 모험에는 쉽게 지치거나 포기해버린다. 그래서 오늘날 이용자의 미디어 활용 능력을 상찬하는 논의는 사실상 사물에 대한 소비와 취향의 시장 논리 안에서만 유효하다. 주위의 사물이 왜 그 자리에 있는지 자신과 관계를 맺는 사물에 대한 비판적 물음 없이는 현대인의 사물과 기계 예속mechanic enslavement[10]이 더욱 악화될 공산이 크다. 이용자주의적 열광을 가라앉히고 이제는 사물의 이치를 따지는 '물성materiality 연구'[11]나 비판적인 '사물 사색material speculation'[12]이 필요한 시점이다.

제작은 사물을 사색하고 그 이치를 따지는 동시대 유력한 방법이다. 이는 단순히 직업적 창작자·제작자, 예를 들어 예술가와 산업 현장의 장인, 전문 프로그래머의 참여만이 아니라 기술의 직접적 이용자인 일반 시민들의 몸에 쌓인 경험과 지식, 즉 '암묵지tacit knowledge'와 창작·제작 활동까지 포괄해야 한다. 우리 모두가 일상 속 '만인 제작자'가 되어 사물과의 상호성에 기초해 사물 탐구와 탐색을 시도해야 한다. 그렇지 않으면 사물의 설계는 점차 우리의 인지와 통제 능력에서 멀어질 것이다. 사물 대부분이 암흑상자가 되어버린 오늘날 첨단 자본주의 세계에서는 더욱 사물의 원리와 설계를 살피는 노력이 필요하다. 게다가 인간 몸 밖에 있던 외부 사물과 기계 환경이 점차 신체로 파고드는 '포스트휴먼posthuman' 시대가 도래해 그 암흑 상자를 아예 우리 몸 깊숙이 끌어들일 확률 또한 높아지고 있다. 결국 우리를 둘러싸거나 우리 신체에 이미 도킹한 사물과 기계를 부대끼며 그 원리에 접근하려는 수행성을 향상하는 쪽으로 문명의 방향을 전환해야 한다. 궁극적으로는 이렇게 사물과 기술 설계에 직접 참여해 느꼈던 '생산'과 '제작' 미학의 유쾌한 경험을 널리 공유하고 사회적으로 기술 대안을 찾는 일이 함께 이루어져야 할 것이다.

우리는 오래전 작고한 프랑스 기술철학자 질베르 시몽동 Gilbert Simondon의 이론에서, 제작을 통한 사물 변형에 참여하는 우리 몸의 수행성이 왜 그토록 중요한지 단서를 얻을 수 있다. 시몽동의 기술미학은, 기술적 대상의 관조에서 오는 미적 체험 뿐 아니라 사물에 대한 목적지향적인 동작과 창작·제작 행위로부터 느끼는 체감을 강조한다는 점에서 특별하다.[13] 이제까지 미학이라 하면 우리는 주로 이용자의 관조나 이미지 체험 등 사물을 대상화한 정태적 관점에서 접근했다. 반면 시몽동은 색다르게 이를 물질 대상과의 지속적 접촉과 생산 행위 가운데서 발생하는 우리 몸의 반응이나 즐거운 경험에서 찾고 있다.[14] 즉 시몽동이 말하는 사물에 대한 미학적 체험의 핵심은, 사물에 몸으로 접속해 관계 맺으려는 동작과 행위, 이를 통해 사물에 반응하여 얻는 수행성의 정서적 즐김과 유희라 볼 수 있다. 시몽동은 이렇게 인간 몸을 매개한 '감각 운동성'에 입각해 창의적 실천을 재규정한다.

제작 문화의 관점에서 시몽동을 해석한다면, 우리가 몸으로 행하는 사물 제작 과정에서 암흑상자로 덮여 있던 그 전체 디자인과 설계를 지각하면서 맛보는 커다란 희열이 바로 그의 기술미학적인 정서와 유사하다고 할 것이다. 이는 현대 작업장과 사무실에서 흔하게 보는 정해진 회로노동이 아닌 비정형적인 제작을 통해 몸 감각을 찾고 쾌감을 얻는다는 점에서 창작자와 제작자 모두의 수행적 해방감에 맞닿아 있다.

시몽동의 기술미학은 이렇듯 사물을 몸으로 부대끼고 탐색하면서 비판적 감각을 찾는 제작의 수행 과정과 다름없다. 그래서 기술미학과 제작 문화는 오늘날 자본주의의 지배적 기술 구조에 반할 수밖에 없다. 제작은 사물에 대한 성찰을 통해 기술 과잉의 자본주의 신화를 물리고 감춰진 설계와 사회적 의미를 비판적으로 바라보려 하기 때문이다.

비슷한 맥락에서 토론토대학교University of Toronto의 스티브 만Steve Mann은 이와 같은 제작 행위의 문화정치적 급진성을 두고 '제작 행동주의maktivism'란 용어로 표현했다.[15] 역사적으로 봐도 제작 문화와 상호 영향을 주고받으며 성장해온 풀뿌리 커뮤니티 운동의 계열에는, 이를테면 수공예 행동주의craftivism, 수공예 운동, DIY자가제작, 적정기술appropriate technology, 자유·오픈소스 소프트웨어 운동FLOSS, 전술미디어tactical media, 문화간섭cultural jamming, 해커 행동주의hacktivism, 탈성장de-growth 운동 등이 자리한다. 비록 실천의 파장이 국지적이었지만, 이들 일련의 흐름은 현재까지도 자본주의의 기술 소외에서 벗어나 사물 세계에 대한 통찰력을 증진해온 제작 문화의 일부로 파악할 수 있다.

제작 문화를 가로막는 것들

이제 본격적으로 우리 사회의 제작 문화를 들여다보자. 과연 오늘의 현대인이 사물과의 관계 회복을 위해 제작 문화의 핵심 가치를 사회적으로 폭넓게 공유하고 있을까? 우리는 그 답에 회의적이다. 지금처럼 국가 기관과 지방자치단체가 나서서 메이커 문화와 메이커 운동을 주도하는 상황이 오히려 제작 문화의 기술 반성적 가치를 배제했다. 또한 유수 기업들처럼 기술세례에 열광하는 쪽으로 제작의 운동장을 크게 기울게 했다. 국내 메이커 운동이 많은 부분 공공기관들의 사업 브랜딩의 일부로 포획된 까닭이다. 중앙정부와 지자체 등 공공기관들은 신흥 메이커 문화에서 먹거리와 정책 홍보 이상의 것에는 도통 관심이 없다. 메이커 운동의 시장주의적 구상은, 제작이 지닌 기술사회 비판적 가치 확산과 거리가 먼, 민간 제작자들의 아이디어를 산업화하는 정책 브랜딩 사업으로 자리 잡을 뿐이다.

두 번째 우려 지점은, '4차 산업혁명'의 메이커 운동에서 만성적 고용 불안과 실업에 대한 대안 가능성을 섣불리 찾는 데 있다. 이는 가까운 미래에 인공지능과 로봇이 급속히 '노동의 종말'을 낳는 원인이 될 수도 있지만, 공유경제sharing economy나 메이커 운동 등 새롭게 부상하는 기술 문화 변수가 또 다른 방식으로 기술 고용을 촉진한다는 가정이 깔려 있다. 이런 오류는 메이커 문화의 정책적 지원이 자가 혹은 가내수공업적 창작·제작 노동과 일자리 형성에 미칠 긍정적인 고용 효과만을 보기 때문이다. 문제는 이런 가정에서 시작하면, 우리의 제작자 사회가 안정된 정규직으로 확대되지 못하고 사물과 프로그램을 만지며 먹고사는 수많은 '비정규직' 자영업자만을 양산할 확률이 높다. 다시 말해 메이커 운동을 통한 실업 문제의 해법이 오히려 척박하고 불안정한 비정규 고용 시장을 더 악화시킬 수 있다는 사실이다.

셋째, 우리는 다른 나라들에 비교해 사회 혁신과 변화를 위해 새로운 첨단기술 논의에 유난히 매달리는 경향이 있다. 이런 특징은 한국 사회에서 메이커 운동을 표방하거나 수행하는 주체들에서도 다르지 않다. 메이커 문화를 지향하건 메이커 운동을 행하건 많은 이가 기술과잉증에 감염되었다. 이렇듯 과열된 기술은 첨단기술에만 주목하면서 지역사회의 현실에서 적절한 대안의 기술 유형을 찾는 자율 공동체적 수행과 실천의 경험을 무시하거나 배제한다. 첨단 사물의 과장된 신화로 무장한 메이커 운동은 오래전부터 내려오는 우리의 수공예 운동이나 적정기술과 같은 로우테크 기반 수작 혹은 제작 문화를 쉽게 접목하지 못한다. 제작 문화의 가치는 하향식 하이테크 중심의 정책을 벗어나 각자 현장에서 필요하고 적용 가능한 기술의 배치를 구성원과 공조하며 이루어가는 과정에 있다. 이는 국가 기술산업정책에서 흔히 나타나는 '발전주의적 전망'에 대한 궤도 수정까지도 요구한다. 과도한 첨단 과학기술의 선점과 추격에서 벗어나 시민의 삶에 부합한 적정기술을 적용하고 시민사회의 가치가 반영된 사물과 기술을 운용해야 한다.

마지막으로, 가장 크게 우려되는 일은 기업 권력이 메이커 문화에 열광해 이를 전유하려고 할 때이다. 일례로 이 책에 필자로 참여한 언메이크랩이 연구 테마로 삼았던 1970-1980년대 기계장치 조립과 '키트의 사회문화사' 논의처럼, 한때 열린

듯 보였던 당시 기술 코드의 개방성이 대기업의 욕망 아래 순식간에 닫힐 수 있고 제작 문화 또한 비슷한 전철을 밟을 가능성이 크다. 기업들은 내부적으로 고갈된 아이디어 자원을 주로 외부에 널리 존재하는 마이크로 생산과 창작 활동으로부터 대거 포획하려는 경향이 커진다. 즉 산개하는 게릴라 제작자들의 창발성을 흡수해 이를 사적으로 전유하려는 기업의 욕망이 항시 꿈틀거린다. 수없이 발흥하는 제작 문화는 기업의 시각에서 보면 기술·미디어적 유행이나 브랜딩할 대상으로 안성맞춤이기 때문이다. 연약한 기반의 제작 문화가 대기업의 사업 아이템이 되는 순간, 자율 의지로 활동하는 제작자들이 아주 빠르게 '파견된' 문화노동자로 전락할 공산이 크다.

제작 문화의 공생적 가치

이 장에서는 제작 문화의 개념, 정의, 특징, 범위, 미학 그리고 한계 등 기본이 되는 논의를 담아내려 했다. 이를 통해 제작 문화란 결국 문화사회적으로 기술 권력이 강권하는 암흑상자의 논리를 벗어나 사물을 요리조리 뜯어보고 살펴 그 이치를 깨닫고 비슷한 처지의 사람들과 공유하면서 왜곡된 사물 설계를 바로잡아 나가는 실천적 지혜임을 살펴보았다. 이를테면 제작은 자본주의의 획일화된 상업 기술과 기계의 설계 방식을 자율적으로 바꿔 좀 더 사물의 본성과 이치에 맞게 재설계하는 행위인 셈이다. 조타수도 없이 어디론가 달려가는 오늘날 기술 미래의 불투명한 조건에서, 제작은 우리 주변의 사물을 민주적으로 제어 가능한 공존의 대상으로 바꾸는 작업이다. 평범한 우리가 기술에 성찰적으로 개입해 기술에 대한 감수성을 회복하고 더 나아가 기술 과잉의 신화를 해체한다면, 사물의 지배 논리를 바꾸는 것은 그리 어려운 일만은 아니다.

　무엇보다 제작 문화가 개인의 사물 성찰에 그치지 않고 사회적 공생의 효과로 연결되려면, 소규모 제작자들이 시장에 의존하는 '먹고사니즘' 해결 우선의 프리랜서 창작·제작 방식을 넘어서야 한다. 생존만을 위한 '생계형' 메이커 운동은 결국 기업 논리에 흡수되면서 그 생존의 미래조차 불투명해진다. 기업이 제작 아이디어나 제작물 대부분을 지식재산권으로 사유화하는 현실은 이를 더 악화시킨다. 아마추어 제작자가 무언가 사물을 변형하는 데 합법과 비합법의 경계에 설 수밖에 없는 어려움이 상존하는 것이다. 결국 국내에서 자율의 제작자로 시장에서 살아남으려면 비판적 제작 문화를 실현하기 위한 대안 커뮤니티와 연대의 구상이 마련되어야 한다. 요컨대 구체적으로 제작 커뮤니티를 꾸리려면 상호 공생이 가능한 제작 플랫폼 구성과 안착이 동시에 필요하다. 하지만 제작자들이 시장 안에서 자생하기란 쉬운 일이 아니다. 플랫폼이 의미를 얻으려면 참여자가 필요하고 그 과정은 자본주의 경쟁 구도에 노출되어 있다. 그에 아랑곳하지 않고 비판적 제작을 위한 설계와 경험의 매뉴얼을 나누는 제작 '공유지the commons'를 구체화할 수 있는 가능성을 실험하는 의연한 도전이 필요하다.

　좀 더 현실적 대안을 고민하자면, 제작 플랫폼 구축은 물론이고 그 속에서 커뮤니티 구성원이 상호부조mutual aid와 사회적 증여gift의 형태로 공통의 유·무형 기술 자산을 안전하게 축적하고 이익을 평등하게 배분하는 일이 중요하다. 제작 문화는 바로 이와 같은 공통의 제작기술과 기예의 독립된 시민 자산화의 기획 없이는 불가능하다. 비판적 제작 문화를 함께 공감하는 제작자들부터 이제까지 실험해왔던 사물과 기계의 하드웨어와 소프트웨어를 시민 자산 목록으로 만들고 이를 공유해, 원하는 이들이 창작과 제작에 쉽게 관여하고 커뮤니티에 동참하도록 하는 게 급선무다. 소규모 창작자·제작자들은 공통의 기술 자산 목록을 가지고 '사회적' 특허 방식이나 공용 라이선스 모델을 도입해, 대기업의 탐욕으로부터 그들의 공통 매뉴얼을 법적으로 보호함으로써 자율 제작자들의 안정적인 재생산을 이루어내야 한다.

결론적으로 제작 문화의 커뮤니티 구축은 우선 자본주의 사물에 대해 체계적으로 탐색하며 배우는 창작과 제작 현장을 만들어, 사물을 매개한 신체 관리와 통제의 역학을 비판적으로 이해하고 이를 뒤바꾸는 실천의 묘를 짜내는 일에서 시작된다. 물론 사물과 기계를 탐색하는 공부는 사회 전반으로 확대될 필요가 있다. 무엇보다 제작 문화의 성공 여부는 인간의 모든 창의성을 사유화하려는 자본주의적 전유와 재산권 통제 방식에 대해 충분히 대항할 만큼 자립과 재생산을 할 수 있는 제작 커뮤니티가 구축될 때만이 가능하다. 이제 갓 국내에 뿌리내린 제작 문화를 오로지 산업정책 논리의 불쏘시개로 쓰려는 어리석은 짓만은 막아야 하지 않겠는가.

시민제작도시,
도시의 전환을 위한
탈성장·제작자 운동

장훈교

제주대학교 공동자원과 지속가능사회 연구센터 전임연구원

현대 도시는 거대한 도전에 직면해 있다. 거대한 도전은 근본적 전환을 요구한다. 문제는 이전과는 완전히 다른 방식으로 우리의 도시를 재구조해야 하는데, 이 과제를 도시 '안'에서 도시와 '함께', 무엇보다 도시를 '넘는' 방향으로 수행해야 한다는 것이다. 곧 도시를 통해 도시의 근본적 전환을 이루어내야 한다는 어려운 질문과 맞닥뜨린다. 불가능해 보이는 이 질문은, 도시가 하나의 완결적인 일괴암적一塊巖的 실체가 아니라 끊임없이 재구성되는 개방 체계이며, 그 안에 기존 도시 질서와는 이질적으로 존재하는 틈새들과 마주하면서 해결 가능성이 열린다. 도시는 이중적이다. 도시는 단지 비어 있는 곳이 아니라, 우리 삶을 구성하는 원리이자 관계이며 그 자체로 지배와 권력의 공간이다. 또한 도시는 그 내부에서 도시를 전환할 수 있는 '실험'을 잉태하는 공간이기도 하다. 물론 이 실험은 도시의 틈새에서 발생한다는 점에서 주변적이며, 이것만으론 우리에게 요구되는 도시 자체의 근본적 변화를 만들어낼 동력이 될 수 없다. 그러나 틈새는 도시 안에서 도시에 맞서는 또 다른 도시의 미래를 보여줄 뿐만 아니라, 특정한 관리와 대항헤게모니 프로젝트Counter Hegemonic Project와 결합할 경우, 도시 체제 자체를 변화시키는 계기가 될 수도 있다.

4차 산업혁명 담론으로 표출된 자본주의 발전 양식의 급격한 변화와 기후변화 및 자원고갈이라는 생태위기는 도시가 직면한 거대한 도전의 핵심이다. 이 거대한 도전들은 도시가 근본적으로 전환되어야 함을 강하게 압박하는데, 그 이유는 두 도전이 전체사회의 유기적 위기organic crisis를 가속화하고 있기 때문이다. 즉 현재 우리가 직면한 위기는 전체사회가 근본적으로 재구성되지 않으면 해결될 수 없다는 하나의 공통지식 common knowledge이 되었다.

하지만 그 대응 과정은 이중적이다. 기존 지배 블록은 이를 지배의 혁신 계기로 활용한다. 유기적 위기의 공간에 우선적으로 개입해 역량을 발휘하며, 자신의 속도와 방향으로 도시와 전체사회를 재구성해나간다. 그러나 유기적 위기의 공간은 기본적으로 공위空位의 공간이기 때문에, 과거와 같은 방식으로 지배하거나 통제할 수 없다. 지배의 혁신이 필요한 이유다. 이때 유기적 위기가 기존 질서의 균열을 만들어내기 때문에, 대안 블록에게 새로운 틈새 공간을 제공한다. 이 틈새 공간이 언제나 대안적 실험 공간이 되는 것은 아니지만, 틈새 공간이 확장되면서 대안 블록에겐 새로운 실험과 전략을 구현할 가능성이 높아진다. 곧 지배의 혁신이 필요한 때는 동시에 대안 블록의 새로운 개입이 가능한 시점이기도 하다. 이미 도시에는 다양한 틈새가 존재하고, 그 틈새 속에서 수많은 대안적 실천과 운동이 진행되고 있다. 그 실험들은 현존 지배 체제의 지속 가능성에 의문을 제기하면서, 새로운 도시의 미래를 예시한다. 하지만 동시에 그 실험들은 분산적이며 잠정적이고 대부분 곧 소멸한다.

실험을 넘어 미래의 질서로 나아가기 위해 제일 먼저 요구되는 작업은 틈새 실험에 담긴 미래의 질서를 구체화하고, 실험을 도시 지속 가능성을 향한 이행sustainability transition과 연결시킬 '전망'을 구축하는 것이다. 곧 실험과 이행 전략을 매개할 전망이 필요하다. 전망은 현재 안에서 과거에 대한 성찰과 미래에 대한 탐구를 결합한 개념으로, 단순한 미래 예측과는 다르다. 과거를 반성하고 성찰해 우리가 나아가야 할 바람직한 미래의 규범을 제시하되, 이 규범적 요청을 현재 경향과 조응시키는 복합적인 개념이다. 우리는 전망을 통해 분산되고 파편적인 틈새 실험을 종합하는 동시에 바람직한 미래를 인접 가능성의 경계로 끌어올 수 있다. 이런 의미에서 전망은 무엇보다 전환 담론의 역할을 한다. 지금 우리에게 필요한 것이 바로 그 '전망'이다.

21세기 도시 패러다임 - '성장 이후' 혹은 '탈성장'

그러나 이것은 역설적으로 들린다. 왜냐하면 도시의 바람직한 미래에 대한 전망이 넘쳐나고 있기 때문이다. 이미 도시정부 안으로 통합된 도시 담론만 해도 다양하다. 건강도시healthy city, 보행친화도시walkable city, 태양도시solar city, 녹색도시green city, 스마트도시smart city 등이 그것이다. 현재 출현하고 있는 도시의 미래에 대한 전망이 무엇보다 전 지구적으로 이루어지는 도시 간 경쟁 체제의 산물임을 기억하는 일이 중요하다. 전 세계 주요 도시들은 기후변화와 산업구조 변동과 같은 급격한 환경 변화에 적응하는 동시에, 도시경쟁력을 강화하기 위해 앞다퉈 새로운 전망을 생산하고 있다. 또한 이 과정은 다양한 이해관계자와 함께 공동의 미래를 만들어간다는 원칙하에 과거보다 포용적이고 통합적인 방법으로 구축되고 있다.[1]

도시서울정부 또한 '2030 서울 플랜'을 수립했다. 21세기 도시계획으로 새롭게 부상한 이런 전망의 폭발 과정을 관통하

는 키워드는 '지속 가능한 발전sustainable development'이다. 도시종
합계획이 지속 가능한 발전을 추구하며 구체적인 과제를 도출
한다는 점에서, 이를 21세기 도시계획의 패러다임이라고 부를
수도 있을 것이다. 전 지구적 경쟁력 확보를 위한 새로운 산업
발전과 기후변화 등으로 요구되는 '지속 가능성'을 결합시키는
이와 같은 시도는, 현재 전 세계 주요 도시가 어떤 변화의 압력
에 노출되어 있는가를 말해주고 있다.

그러나 '지속 가능한 발전'이 21세기 도시계획의 대안 패러
다임으로 작동할 수 있는가에 대한 회의 또한 급증하고 있다.
지속 가능한 발전은 지속 가능성을 수단으로 하는 또 다른 성
장 전략의 하나로 보이거나, 혹은 서로 모순적인 '발전'과 '지속
가능성'의 종합을 약속하는 거짓말이라는 것이다. 결국 회의론
적 입장에서 볼 때, 지속 가능한 발전이란 지속 가능성을 도시
성장 전략 안으로 포획하는 담론일 뿐이다. 이에 따라 지속 가
능한 발전과는 다른 방식으로, 지속 가능한 도시를 만들어내기
위한 운동이 아래로부터 분출하고 있다.

현행 경제성장 발전 모델에 대한 견해 차이는 있겠지만, 지
금과 같은 방식으로는 발전 모델의 재생산이 불가능하다는 진
단에는 광범위한 합의가 존재한다. 특히 자본주의의 파괴적 성
장 모델에 대한 회의가 증가하면서, 우리 삶의 방식뿐 아니라
이를 지탱해주는 전체사회의 하부구조infrastructure를 다른 방향
으로 변형시켜야 한다는 고민이 확산되고 있다. 이런 움직임의
범주에는 이미 오래전부터 존속해왔던 운동들이 있다. 예를 들
면 전환마을 운동이나 도시농업 운동, 적정기술 운동 등이 대
표적이다. 또한 새로운 운동들도 등장했는데, 이 글에서는 특

히 '탈성장 운동'과 '제작자 운동'에 주목한다. 그 이유는 두 운동이 현대 도시의 변화를 압박하는 커다란 게임변화자game changer 곧 기후변화 및 자원고갈이라는 생태위기와 4차 산업혁명 담론으로 집약되는 산업구조의 급속한 변동과 노동의 전환 담론에 각각 대응하는 형태로 출현했기 때문이다. 그리고 이 두 운동을 독립적이 아닌 융합의 관점으로 볼 때, 현재 '지속 가능한 발전' 패러다임과는 다른 방향에서 도시의 미래를 상상하는 대안적인 전망을 도출할 수도 있다. 그 전망이란 바로 도시의 미래를 '성장 이후post-growth'의 관점에서 탐색하는 것이다.

물론 제작자 운동 안에 명시적인 '성장 이후' 요소가 존재하지 않을 수도 있다. 그러나 한국뿐 아니라 전 세계적으로 진행되고 있는 다양한 제작자 운동의 실험들엔 명시적이든 명시적이지 않든 성장주의와의 결별을 예고하고 있거나, 성장 이후 사회에 대한 전망을 구체화하기 위한 요소들이 존재한다. 물론 이들의 실험은 현실에서 실패하기도 하고, 잠깐 나타났다가 사라지기도 한다. 또한 특정 지역에서만 실현되어 도시 전역으로 확장하는 데 한계를 갖기도 한다. 그런데도 이들의 실험은 다른 지역에서 모방되고 반복되고 있다. 이와 같은 실험의 모방, 반복, 확산은 실험들이 공유하는 전망 없이는 불가능하다. 이런 전망은 탈성장 운동과 결합할 때 더욱 분명하게 자신의 방향과 원리, 전략을 드러낼 수 있다.

상이한 맥락에 대응해 발전한 탈성장 운동과 제작자 운동을 융합하는 이와 같은 관점은 기존 도시의 전망과는 다른 각도에서 도시의 미래를 탐색하도록 돕는다. 물론 이 탐색은 완전한 청사진을 제시하는 것이 아니며, 이는 바람직하지도 않다.

모든 것을 구체적으로 제시하는 청사진은 바로 그 구체성 때문
에 모든 것을 고정시켜, 약간의 변화만 발생해도 모든 계획이
작동하지 않는다. 도시의 미래는 통계와 확률의 대상이기보다
다양한 요인이 복잡하게 얽혀 움직이는 불확실성의 대상이다.
필요한 것은 청사진이 아니라, 걸어가며 끊임없이 물을 수 있
는 지도이다. 이때 우리의 지도는, 다른 지도들과 비교하기 위
해 하나의 척도가 필요하다. 그것은 바로 현대 도시가 직면한
기능적 문제를 해결하는 동시에 동료시민에게 더 큰 자유를 부
여해야 한다는 것이다. 기능적 문제에 대응할 수 없는 도시의
지도는 무력하며, 무엇보다 모든 도시의 전망은 자유의 확장이
란 척도를 통해 평가되고 비교되어야 한다. 왜냐하면 효율적인
문제 해결 능력이 있더라도 현재 보장되는 도시의 자유를 파괴
하거나 제약한다면 수용할 수 없기 때문이다. 그런 점에서 새
로운 도시의 전망이란, 새로운 도시의 자유에 대한 전망이다.

거대한 도전과 운동 – 두 맥락의 난점과 공백

무엇보다 고려할 문제는 탈성장 운동과 제작자 운동이 비교
적 동일 시점에 등장했다는 점이다. 그런데 두 운동이 생겨난
배경은 매우 다르다. 탈성장 운동이 전 지구적인 생태위기라
는 맥락에서 등장했다면, 제작자 운동의 부상에는 과거 '디지
털혁명'이라고 불린 디지털 제조의 혁신과 현재 4차 산업혁명
이란 담론으로 구조화된 기술혁신의 맥락이 존재하기 때문이
다. 두 맥락이 상대적으로 독립적으로 발생했기 때문에 탈성장

운동과 제작자 운동 또한 그동안 분리되어 고찰되어왔다. 하지만 "4차 산업혁명과 지구 생태계의 위기가 거의 동시에 본격화되고 있다."[2]는 점을 상기할 때, 우리는 두 운동을 분리된 맥락이 아닌 공통의 지평에서 바라볼 가능성을 찾을 수 있을 것이다. 각 맥락은 현 시대를 구성하는 주요한 경향이지만, 그 자체로 유일한 경향은 아니다. 따라서 각 운동도 다른 맥락과의 관계에선 공백과 난점을 드러낼 수 있다. 하지만 두 운동이 공통의 지평에서 만난다면, 각 공백과 난점이 상호 보완될 뿐만 아니라, 각 맥락에 좀 더 총체적으로 접근할 수 있다.

탈성장 운동

탈성장 운동은 자본주의 경제성장이 현 생태위기의 근본 원인이라는 인식이 확산되면서 2000년대 이후 급부상하고 있다. 그 출발은 프랑스로, 우리가 '탈성장'이라고 번역하는 단어가 '감소' '하락'의 의미인 프랑스어 'décroissance'에서 온 것이다. 프랑스 경제학자 세르주 라투슈Serge Latouche에 따르면 탈성장 운동은 "성장을 위한 성장의 무분별한 목표를 완전히 포기하는 것을 목적"[3]으로 삼는다. 탈성장 운동의 기원은 1960년대까지 거슬러 올라갈 수 있다. 1960년대 발전주의 모델에 대한 비판적 성찰과 함께 이 모델을 대체하려는 다양한 실험과 시도가 진행되었기 때문이다. 그러나 현재 우리가 '탈성장 운동'이라고 부르는 흐름은 매우 최근 것으로, 지속 가능성의 테제thèse가 하나의 보편 규범으로 수용되고 있는 조건에서 '다른 발전'을 주창하는 이들과 구별하기 위해 등장했다. 라투슈는 다음과 같이 말했다. "한편에서는 다른 발전이라는 문제를 지지하는 이들이 있고, 다른 한편에서는 발전과 경제 주체론에서 벗어나려는 이들이 있다."[4] 그는 탈성장을 수식어가 붙은 다양한 발전 모델 또한 발전주의의 연장이라고 보며, 발전 그 자체에서 벗어난 다른 유형의 질서를 구축해야만 한다고 주장한다.

한국에 탈성장 담론이 들어온 것은 2000년대 초·중반이다. 지속 가능한 발전 혹은 녹색성장과 같은 그 자체로 모순적인 요소가 종합되어 있는 발전 전략이 국가전략으로 채택되면서 이에 도전하는 대항 운동 진영의 담론도 급진화되었다. 탈성장 담론 역시 이런 급진 담론 중 하나로 수용되었으나 현재까진 주변화된 담론이다. 탈성장 담론 외에도 '지속 가능성' 혹은 '회복력' 개념이 지속 가능한 발전과 경합하면서, 모호한 형태로 중첩되어 2000년대 초반과는 결이 다른 담론 지형을 만들어내고 있다. 이 담론 지형이 탈성장을 포함하지만, 설령 탈성장으로 환원될 수 없을지라도 일정한 공통성을 지니는데 이는 '성장 이후' 담론이라고 할 수 있다. 성장 이후 담론이 탈성장 담론과 동일한 것은 아니지만, 경제성장과는 다른 원리와 방식으로 우리의 경제를 조직화하는 방법을 추구한다는 공통점이 있다. 그러나 국내 성장 이후 담론 또한 탈성장 담론이 지닌 모호함, 불확실성을 공유하고 있다. 규범이론 속성이 강하고, 반대로 이를 실현할 프로젝트와 프로그램은 매우 낮은 단계의 발전 상태이며, 무엇보다 어떻게 성장 이후로 나갈 것인가라는 문제가 여전히 공백이자 난점으로 남아 있기 때문이다.

메이커 운동 혹은 제작자 운동

제작자 운동은 2000년대 중·후반부터 주목받기 시작한 운동으로, 좀 더 정확하게 말한다면 붙여진 이름이다. 자신만의 고유한 기술장치를 만들어내는 과정에 DIYDo It Yourself, 자가제작 혹은 DIWODo It With Others, DITDo It Together의 방법으로 참여하는 이들이 급속하게 확장하면서,[5] 이들의 출현이 가지는 의미와 그 운동으로서의 특징, 동시에 운동으로서의 주창을 가시화하는 집단과 개인이 등장했다. 이를 기반으로 출현한 것이 바로 '메이커 운동'이다. 이 운동의 중심에 2005년 미국에서 창간된, 기술 DIY 프로젝트와 노하우를 소개하는 격월간지 《메이크Make》가 존재한다. 《메이크》 잡지는 자신들의 운동을 설명하고 정당화하는 다양한 개념을 주도적으로 정립하면서 이 운동의 중심에 섰다. "2005년 잡지를 창간해 가내수공업 같은 양상으로 진행되던 개인 단위의 프로젝트를 대중에 공개함으로써 메이커 문화의 시작을 알렸고, 2006년에는 메이커들의 DIY 페스티벌인 ‹메이커 페어Maker Faire›를 시작했다."[6]

그러나 한국의 제작자 운동이 미국에서 발생한 메이커 운동과 동일하다고 보기는 어렵다. 한국 제작자 운동은 한국이란 맥락과 상호작용하면서 자신의 고유한 내용을 만들어왔기 때문이다. 무엇보다 한국의 제작자 운동은 소수의 제작공동체 운동의 형태로 전개되어왔고, 이들은 외국의 메이커 운동이 국내에 도입, 수용되는 과정을 비판적으로 바라본다. 즉 한국의 제작자 운동은 다양한 '비판'의 요소들과 결합한 일종의 비판제작 운동의 형태로 존재한다는 점이 가장 큰 특징이다. 이에 따라 메이커 운동이란 표현보다는 잠정적으로 '제작자 운동'이란

표현을 사용한다. 또한 하이테크 기반의 외국 메이커 운동과
달리 로우테크에 개방적이다. 이는 비판 제작 운동이 한국 적
정기술 운동과도 연결되면서, 두 운동 간의 상호 융합 과정을
창출하기도 한다. 그럼에도 한국 제작자 운동 또한 외국과 동
일한 요소를 지닌 측면도 있는데, 이 운동의 부상 과정이 산업
구조의 변동과 긴밀하게 연동되어 있기 때문이다.

4차 산업혁명과 전 지구적 생태위기

전 지구적인 생태위기와 4차 산업혁명의 관계에 대해 두 견해
가 대립하고 있다. 두 맥락의 관계를 우호적으로 해석하는 입
장에서는 "4차 산업혁명은 가장 '생태적인' 산업혁명이 될 것"
이라고 전망한다. 근거는 다음과 같다. 첫째, 4차 산업혁명을
통해 형성되고 있는 이른바 '초연계사회'는 생태계의 원리를
모방하거나, 동일 형태로 진화하고 있다. 둘째, 4차 산업혁명의
중심에너지는 재생에너지이다. 셋째, 물리적 세계와 디지털 세
계, 생물학적 세계의 경계가 식별 불가능해지는 장소에서 새로
운 관계가 출현한다.[7] 이와 같은 입장을 견지하는 대표적인 저
술가는 『한계비용 제로 사회The Zero Marginal Cost Society』를 펴낸
미국 경제학자 제러미 리프킨Jeremy Rifkin이다. 리프킨은 4차 산
업혁명이 '공유'의 조건을 창출하며, 이런 조건은 우리 삶의 양
식을 물질주의에서 지속 가능한 삶으로 변화시킨다고 말한다.[8]
리프킨과 유사한 입장이 국내 전문가들에게도 확인된다. 이들
은 4차 산업혁명이 기후변화에 대응하는 새로운 패러다임을 제
공한다고 본다. "센서가 데이터를 수집해 최적의 컨트롤로 에너
지 적게 쓰는 방법을 찾고, 문제 발생 시 사후관리가 아닌 사전

예방을 통해 효율을 높일 수 있다."는 의견에 기초해, 사물인터넷IoT, Internet of Things., 인공지능, 로봇기술, 생명과학 등의 융합으로 전환을 모색한다. 또한 기후변화에 적응하는 효과적인 방법도 제공할 수 있다고 말한다. 환경재단은 2017년 4월 22일 기후변화 전문 무크지 《2030 에코리포트》의 주제로 "기후변화와 4차 산업혁명"을 다루었다. 핵심 논조가 바로 이것이었다.

전 지구적 생태위기와 4차 산업혁명의 융합을 요구하는 흐름은 이른바 신산업의 성장 기회로 현재의 거대한 도전을 활용하자는 제안을 덧붙인다. 그러나 바로 이 제안이 회의론이 발생하는 지점이다. 두 맥락을 대립적인 관계로 해석하는 입장에선, 4차 산업혁명이 전 지구적 생태위기뿐 아니라 인간의 미래를 불투명하게 만든다고 본다. 그 이유는 4차 산업혁명의 핵심인 "제조기술의 획기적인 혁신"을 또 다른 형태의 경제성장 발전 모델로 보기 때문이다. 이들은 4차 산업혁명 또한 자본주의의 파괴적 성장 모델을 넘어설 수 없으며, 이에 따라 전 지구적 생태위기가 더욱 가속화될 것이라고 전망한다.

4차 산업혁명은 상대 디커플링de-coupling, 탈동조화에 유효할 수 있다. 상대 디커플링이란 "환경을 덜 파괴하면서 더 많은 경제활동을 하는 것, 더 적은 자원을 투입하고 탄소 배출량을 감소시키면서 더 많은 재화와 서비스를 만들어내는 것"[9]이다. 이런 상대 디커플링을 만들어내는 요인으로는 대대적인 기술 변화, 의미 있는 정책의 시도, 소비 양식의 전반적인 변화, 자원집약도를 실질적으로 줄이는 기술의 국제적인 이전 등이 있다. 이런 상대 디커플링은 필요하다. 그러나 "자원처리량의 절대적 감소"가 지금 우리에게 더 필요하다는 사실이 중요하다. 그런데 이런 자원처리량의 절대적 감소가 4차 산업혁명을 통해 대응할 수 있는 문제인가는 검토되지 않고 있다. 곧 기술의 발전이 자원처리량의 절대적 감소로 귀결될 것인가라는 문제가 여전히 남는다.

이런 대립적인 두 견해 중 하나를 옹호해야 하는 것은 아니다. 그보다는 왜 이런 두 관계가 동시에 출현하는가를 이해하는 것이 필요하다. 4차 산업혁명은 정치생태학의 선구자 앙드레 고르André Gorz의 분류법을 빌려와 표현한다면, '닫힌 기술closed technology'과 '열린 기술open technology'을 모두 통합하고 있다. 닫힌 기술이 헤게모니를 확보한다면, 4차 산업혁명은 전 지구적 생태위기를 가속화시킬 것이다. 그러나 열린 기술이 헤게모니를 확보한다면, 4차 산업혁명은 전 지구적 생태위기에 조응해 새로운 질서를 창출하는 기술혁신이 될 수 있을 것이다. 이에 우리는 두 맥락이 '위기'와 '가능성'을 동시에 열어주고 있음을 파악하는 것이 중요하다. 대립적인 두 견해가 존재한다는 것은 두 맥락이 중첩될 때 결과는 아직 정해지지 않은 열려 있는 것이며, 위기와 가능성이 동시에 발생한다는 것을 역설적으로 보여준다. 우리의 과제는 열린 가능성을 통해 현재의 위기를 해결하는 방법을 모색하는 것이다.

지평의 융합-탈성장 운동과 제작자 운동의 조우

바로 이런 공백과 난제에 대응하고 두 맥락을 융합해 현재 우리가 직면한 위기 해결의 가능성을 모색하는 데 탈성장 운동과 제작자 운동을 조우시키는 일은 의미 있다. 왜냐하면 분산적이고 파편화된 대응을 넘어 현재 발생하고 있는 위기에 더욱 총체적인 대응이 가능하기 때문이다. 두 운동이 '지평의 융합'을 통해 문제 해결 과정에서 만날 수 있는 이유는 비교적 유사하거나 동일한 요소를 갖고 있기 때문이다. 바로 '새로운 관계 형태로서의 공유' '도구의 공유' '소비주의 비판' '지역주의'이다.

	탈성장 운동	제작자 운동
새로운 관계 형태로서의 공유	공동체 공통자원 기반 대안	오픈 철학의 원리에 기초한 디지털 공통자원 (오픈소스 소프트웨어+오픈소스 하드웨어)
도구의 공유	공생공락의 도구: 대안노동의 형태로 제작·작업(work)에 필수적인 자원·제도	도구의 공유를 통한 공동체의 형성
소비주의 비판	물질 소비의 축소 일회용 제품들과 계획적 진부화 전략에 반대	수리하고 고쳐 쓰는 방식을 통한 물건과의 연대 자신의 필요를 자신의 제작으로 충족
지역주의	장소에 기반을 둔 공동협력의 자율생산 지향	생산수단의 탈집중화에 기반을 둔 분산제작의 가능성

새로운 관계 형태로서의 공유

탈성장 운동은 '경쟁을 대신하는 협력'과 '새로운 관계 형태로서의 공유'를 지향한다.[10] 공유는 협력을 통해 자원을 산출하고 이를 관리하는 대안 방식으로, 탈성장 운동은 공유를 통해 공동체 자원을 확장하고, 이를 통해 공동체를 형성해나가고자 한다. 이를 공동체 공통자원community commons, 커뮤니티커먼즈이라고 부를 수 있다. 흥미로운 점은 탈성장 운동에 내재한 이런 공통자원 기반 대안commons-based alternative 패러다임이 디지털혁명 과정에서 만들어진 디지털 공통자원Digital commons, 디지털커먼즈의 형성

과정과 밀접한 연관이 있다는 것이다. 디지털 공통자원의 역사가 현재 부상하는 공통자원 기반 대안 패러다임의 모든 것이라고 말하는 것은 과장이겠지만, 디지털 공통자원의 존재가 공통자원 기반 대안의 현실화를 뒷받침하는 가장 강력한 정당화의 근거인 것은 명확하다. 현재 대부분의 공통자원 기반 대안은 비물질 공통자원의 형성과 운영 과정에서 확인된 공통자원의 원리를 물질세계에 적용하는 과정에서 등장했기 때문이다.

오픈 철학Open Philosophy의 원리에 기초해 협력을 통해 지식을 산출하고, 이를 공유하는 과정에서 만들어진 다양한 디지털 공통자원은 제작자 운동을 출현하게 한 구체적인 동력이자, 제작자 운동의 확장을 이루어낸 중심 수단이다. 특히 제작자 운동은 비트의 세계에 머물던 디지털 공통자원을 원자의 세계인 물질세계와 접속하는 과정에서 등장했다. 인터넷을 통해 자신의 제작에 필요한 지식을 수집하거나 배우고, 그 과정에서 얻은 실패의 경험을 포함한 모든 종류의 또 다른 지식이 다시 제작자들의 공동체에 축적된다. 이런 특성을 하버드대학교 로스쿨 교수 요차이 벤클러Yochai Benkler는 공통자원 기반 동료협력생산commons-based peer production의 양식이라고 불렀는데, 지식의 공유를 통한 공동체의 형성이 그 핵심 메커니즘이다. 우리가 직면한 문제는 이와 같은 공통자원 기반 동료협력생산의 양식이 물질자원 영역에도 적용될 수 있는가이다.

도구의 공유

제작자 운동은 도구tool 공유의 역사라고 할 만큼, 서로 밀접하게 연결되어 있다. 디지털 공통자원에 접속하는 과정을 통해 제작에 필요한 기본 지식을 습득하더라도, 실제 작업을 위해서는 물질세계를 변형할 도구가 필요하다. 평범한 사람이 전문 메이커가 되는 과정을 담은 『제로 투 메이커Zero to Maker』의 지은이 데이비드 랭David Lang은 초기 단계의 어려움을 다음과 같이 서술했다. "배움에 대한 결의와 시작에 대한 열망에도 도구 없이는 메이커가 되는 여성으로 한 발짝도 더 나아갈 수 없음을 깨달았다."[11] 그러나 제작에 필요한 도구를 각 개인이 소유하는 방식으로 준비하는 것은 매우 어렵기 때문에, 제작자 운동에 입문하거나 이를 만들어나가는 이들은 도구의 공유를 통해 비용을 절감하는 방법을 택했다. 물론 그 효과는 여기서 그치지 않는다. "내가 알게 된 것은 도구를 공유하는 방법이 단지 비용 절감의 이익만 있는 것이 아니라는 사실이다. 그 부산물로 커뮤니티가 생기고 사람들과의 소통이 이루어지며 각각의 도구에 대한 축적된 지식을 활용할 수 있게 된다."[12] 해커스페이스Hackerspace, 메이커스페이스Makerspace, 팹랩FabLab 등으로 다양하게 불리는 공동제작의 장소는 바로 이와 같은 도구의 공유 정신에 입각한 것이라고 봐도 무방하다.

탈성장 운동 또한 도구의 공유를 중요한 출발점으로 삼는다. 도구 문제를 가장 중심에 배치한 사상가 이반 일리치Ivan Illich에 따르면 '도구'는 우리 인간의 능력을 축소할 수도 있지만 확장할 수도 있다. 일리치는 자율적 공생의 도구를 통해 함께 즐거워하는 대안 생활의 가능성을 탐구한다. 이런 정신은 앙드레 고르에게서도 확인되는데, 고르는 '열린 기술'을 구현할 수 있는 도구의 공유를 통해 공동의 필요common needs를 함께 충족시켜나가는 공동제작 활동을 열렬하게 옹호한다. 탈성장 운동에서 '도구'는 인간의 필요 충족을 위한 필수적인 자원인 동시에, 인간에게 '의미'를 제공해주는 대안 노동의 행위와 직접 연결된다. 도구는 창작의 행위와 연결되며, 이런 창작의 행위는 다른 노동에서는 충족할 수 없던 쾌락을 제공한다.

소비주의 비판

탈성장 운동은 성장사회뿐 아니라 소비사회에 대한 강력한 비판이다. 왜냐하면 소비사회는 성장사회의 또 다른 얼굴이기 때문이다. 탈성장 운동은 물질 소비의 축소를 통한 자연의 회복을 주창하는데, 이때 자연은 인간의 외적 조건과 인간 내부의 자연human nature까지 포함한다. "끊임없이 점증하는 미친 듯한 소비 경쟁을 우리는 거부해야 한다. 이는 지구라는 환경의 최종적 파괴를 피하기 위해서뿐만 아니라, 특히 현대인의 심리적이고도 도덕적인 불행에서 벗어나기 위해 필요하다."[13]

제작자 운동은 바로 이런 소비사회의 핵심 윤리 중 하나인 물건의 이용에 대한 우리의 태도를 변화시킨다. 소비사회는 '계획적 진부화' 전략을 통해 끊임없이 물건을 만들어내면서, 끊임없이 물건을 버리도록 만든다.[14] 이 과정에서 우리가 하나의 물건과 머무는 시간은 점점 짧아지고 있다. 그런데 제작자 운동은 바로 이런 우리의 물건 이용의 태도를 역전시킨다. 왜냐하면 수리와 변형을 통해 물건의 사용주기를 연장할 수 있기 때문이다. '수리'와 '제작'은 매우 다른 활동처럼 보이지만 실제로는 동일한 활동의 양면인 경우가 많다. 이 때문에 제작자 운동은 초기부터 매우 강력하게 '수리' 활동을 옹호했다. 메이커의 권리를 선언한 「메이커 권리장전」의 제1항은 "수리할 수 있게 설계되어야 한다."이다. 이 조항은 매우 강력한 요구로, 이 것을 모든 제조산업에 적용할 경우 우리는 현재와는 매우 다른 방식으로 물건들과 접속할 수 있게 된다. 앙드레 고르의 말처럼, 자본주의가 물건과 머무는 시간을 점점 짧게 만드는 메커니즘이라면, 반대로 물건과 머무는 시간을 늘려나가는 메커니즘은 매우 강력한 반자본주의 운동의 속성을 띤다.[15] 제작자 운동이 특정 이념을 옹호하거나 배척하는 것은 아니지만, 제작자 운동에 존재하는 인간과 사물의 접속 방식의 변화는 자본주의 내부에서 자본주의에 대항하는 속성을 공유한다.

지역주의

세르주 라투슈는 『발전에서 살아남기』에서 '발전' 혹은 '성장'에 대한 대안으로 지역주의를 제기했다.[16] 지역으로의 귀환은 탈성장 운동이 주장하는 제1의 요구사항으로 "발전과 경제에서 벗어나기 위해, 또 세계화에 맞서 싸우기 위해"[17] 필요한 전략으로 인정되고 있다. 탈성장이 지역으로의 회귀를 주창하는 핵심적인 이유는 현재 우리가 직면한 위기를 해결하려면 무엇보다 생산 장소와 소비 장소의 거리를 줄여야 하기 때문이다. 현재와 같은 전 지구적 노동 분업에 기초한 물질과 인간 그리고 서비스의 교환 체계는 위기를 더욱 가속화할 뿐만 아니라, 기후변화와 자원고갈이라는 문제에 매우 취약하다. 이 문제에 대응하려면 생산과 소비의 거리를 최대한 줄이는 근거리지역 경제에 기초해 자원의 이용과 활용에 대한 혁신을 이루어내고, 그 자체로 외부 세계로부터 독립적인 하나의 경제체제로 작동하도록 모듈화modularity를 진행해야만 한다. 또한 자원과 인구의 자연적 불균형에서 발생하는 지역 간 불균형의 문제는 네트워크를 통해 해결해야 한다. 이와 같이 탈성장은 지역 기반 공동협력에 따른 자율생산 체제로의 전환을 목표로 한다.

제작자 운동이 강력하게 지향하는 것 중 하나는 생산수단의 민주화와 탈집중화이다. 제작자 운동이 활용하는 도구는 단지 도구가 아니라 하나의 생산수단이다. 이런 특징을 가장 빨리 포착한 것이 시장이며, 탈집중화된 생산수단이 열어내는 창의성을 통해 수익 창출 모델을 만들어내고자 노력하고 있다. 이는 2차 산업혁명을 주도한 과거의 제조산업과는 매우 다른 생산수단을 통한 제조산업의 등장을 의미하는 것으로, 이 가능성에 주목한 국가는 디지털 제조산업의 발전을 위해 제작자 운동의 문화를 위로부터 육성하려는 강력한 정책을 구사하고 있다. 그러나 이런 생산수단의 탈집중화 속성은 단지 국가나 시장만이 아니라, 자신이 속한 지역의 필요를 충족하는 대안의 제작 실험으로 발전할 수도 있다. 곧 지역의 필요 충족을 위한 분산제작 시스템으로서의 가능성이다. 이런 문제의식이 탈성장의 지역주의와 강력한 조합을 만들어낸다.

대안의 기본 원리-사물과 인간의 관계 재조정

탈성장 운동과 제작자 운동의 이와 같은 공통성에 기초해, 사물과 우리의 관계를 재정의하는 데 필요한 두 가지 원리를 도출할 수 있다. 이 두 가지 원리는 탈성장 운동과 제작자 운동이 함께 현재 공통의 문제인 "더 많이 생산하고 더 많이 소비한다."에 대항하는 속성을 지니는데, 중심 방향은 "더 적은 것으로 더 많이 행복하기"[18]라고 할 수 있다. 즉 더 적게 생산하지만, 지금보다 더욱 행복할 방법을 고안하는 것이다.

"더 많이 생산하고 더 많이 소비한다."는 것은 상품을 생산하는 동시에 상품을 파괴하는 과정으로 나아간다. 이를 앙드레 고르는 자본주의의 "파괴적 성장"이라고 불렀다. 파괴적 성장에 대항하는 원리는 두 방향에서 모색할 수 있다. 첫 번째는 하나의 상품을 가능한 한 오랫동안 사용하는 것이고, 두 번째는 상품 자체에 대한 우리의 의존을 줄여나가는 대안 제작의 방법을 찾는 것이다. 이를 한 문장으로 요약하면 "더 지속적으로 사용할 수 있는 상품들을 또한 더 적게 생산하며 모든 필요를 충족해야 한다."[19]는 대안 규범이라고 할 수 있다. 탈성장 운동과 제작자 운동의 융합은 바로 이런 요구를 현실화하는 데 필요한 구체적인 원리를 도출하도록 도와준다.

사물과의 연대-상품 하나와 오래 접속하기

하나의 상품과 오랫동안 접속하려면 두 부분에서 변화가 이루어져야 한다. 상품이 지금과는 다른 방식으로 설계되어야 하고, 언제나 '새로운' 상품을 추구하는 우리 생활을 '절약'이 아닌 '절제'에 기반을 두는 양식으로 변화시켜야 한다. 하나의 상품과 오래도록 머무르려면 상품은 다음의 요건을 충족해야 한다. 즉 내구성, 수리수선·보수의 용이성, 제작 공정의 만족성, 친환경성이다.[20] 이때 제작 공정의 만족성은 다음을 뜻한다.

첫째, 제작의 기술은 이 기술을 사용하는 이들의 생활조건을 향상할 수 있어야 한다. 둘째, 이용자들이 직접 그 기술을 사용하고 변경, 재창조하는 방법을 이해할 수 있어야 한다. 셋째, 이용자들이 경제적으로 감당할 수 있어야 한다.[21] 그러나 이런 요건을 충족하더라도 각 상품이 우리에게 만족을 주지 않는다면 무의미하다. 여기서 '만족'이란 기능적 필요, 문화적 필요 모두를 포함한다.

이 모든 요구의 핵심은 '수리'할 수 있는 상품이어야 한다는 것이다. 상품의 설계가 수리 가능성을 전제할 때, 위 모든 내용이 실현될 수 있기 때문이다. 또 다른 이유는 수리라는 행위에 내재된 대안적인 쾌락이 우리에게 '만족'을 주는 기본 동력이 되기 때문이다. 동시에 이 과정은 「메이커 권리장전」에서 밝힌 것처럼 하나의 기본권으로 인정되어야 한다. 곧 모든 시민은 수리할 수 있는 권리를 갖는다.

사물의 대안 제작-상품에 의존하지 않기

상품을 오랫동안 사용하는 동시에, 보다 적게 생산해야 한다. 상품을 더 적게 생산하기 위해서는 상품을 통해 충족하던 우리의 필요를 대체할 대안 제작의 메커니즘이 필요하다. 각 개인의 고유한 필요는 DIY를 통해 충족하며, 공동의 필요는 공동체 기반 협력제작의 방식을 통해 충족할 수 있다. 제작자 운동에는 이미 이와 같은 두 유형의 대안 제작 메커니즘이 존재한다.

이때 핵심은 '제작'을 일상생활의 기술이란 측면에서 접근하는 것이다. 일상생활에는 다양한 기술이 필요하다. 제작은 이런 일상생활을 구성하는 가장 중요한 기술 중 하나이다. 공동체 기반 협력제작은 새로운 필요를 창출해내기보다는 일상생활을 구성하는 기본적 필요 충족을 위한 제작의 기술혁신에 중점을 둔다. 이를 기초로 할 때, 우리는 일상생활의 상품에 대한 의존을 줄이고, 동시에 일상생활의 필요를 대안 제작을 통해 충족할 수 있다.

전망-시민제작도시

제작을 매개로 도시의 문제를 풀어가는 새로운 방법과 전략의 부상은 단지 문제 해결을 위한 기능적 필요만 강조하는 것이 아니다. 여기엔 도시가 보장하던 자유가 와해되면서, 이를 대체하는 새로운 자유의 창안도 요구된다. 제작이란 행위를 통해 매개되는 이와 같은 탐구는 매우 흥미롭다. 왜냐하면 시민 스스로 손을 통해 자유의 원형을 만들어나가는 대안적인 자유 설계 과정을 동반하기 때문이다. 이 글에서는 제작을 매개로 새로운 도시의 자유를 탐구하는 이 프로젝트를 '시민제작도시'라고 잠정 규정하고, '시민제작도시'에서 추구하는 자유의 방향과 이를 충족하기 위한 과제가 무엇인지를 모색해보겠다.

하부구조-공동체 기반 분산제작 시스템

"더 지속적으로 사용할 수 있는 상품들을 또한 더 적게 생산하며 모든 필요를 충족해야 한다."는 대안 규범의 두 원리가 실현되려면 이를 위한 하부구조가 있어야 한다. 우리가 참조할 대안 상상은 이미 오래전부터 존재했다. 그 대표적인 것이 바로 '공동체 작업장community workshop'이다. 앙드레 고르는 공동체 작업장에 대한 상상을 가장 일상적인 언어로 표현하며 다음과 같이 밝혔다. "지금부터 만일 주민들이 아파트, 동네, 시에 스스로 물품을 조립하고 수리하고, 심지어 제작하는 아틀리에를 둘 수 있다면"[22] 대안 규범을 현실화하는 조건을 만들 수 있다. 프랑스어 '아틀리에atelier'엔 영어의 '워크숍workshop' 곧 작업장의 의미가 포함되어 있다.

공동체 작업장 모델은 탈성장 운동 모델에 내재한 자급 원리의 요구이다. 그리고 동시에 해커스페이스, 메이커스페이스, 팹랩 등에 담긴 제작자 운동의 요소이기도 하다. 더욱 중요한 점은 전통적인 공동체 작업장 모델이 두 운동과 만나면서 분산 제작 시스템Distributed Manufacture System이라는 한층 진화된 상태로 나아갈 수 있다는 것이다. 분산제작 시스템은 제품의 수리, 변형, 제작을 위한 것으로, 특정 장소에 기초해 공동체가 함께 운영하는 분산 시스템이다. 분산 시스템은 기후변화와 자원고갈로 발생하는 생태위기에 대응해 이미 다양한 형태로 나타나고 있다. 그러나 현재까지 분산 시스템은 음식, 에너지, 물과 같은 하부구조 차원에 집중해서 논의되었을 뿐, 대안 제작을 포함하는 대안 생산의 시스템과 연결해서 사유하고 실천한 논의는 매우 부족하다. 제작자 운동을 통해 발전한 생산수단의 탈집중화와 민주적 운영 방식의 등장은 분산 시스템과 대안 제작을 연결해 우리가 실험할 수 있는 공간을 열어주었다.

물론 아직 가능성일 뿐이다. 현재 수준에서 분산제작 시스템은 하나의 전망일 뿐 현실화되지 않았다. 그런데도 "분산제작 시스템을 구축하려는 노력은 더욱 강화되어 초기 개발 단계에 이르렀다."고 평가한다.[23] 그러나 분산제작 시스템이 공동체의 필요를 충족하는 대안 제작 시스템으로 작동할지, 아니면 또 하나의 산업발전 전략으로 통합될지도 논쟁적이다. 왜냐하면 분산제작은 현대 제조산업의 기본 추구 방향 중 하나이기 때문이다. "오늘날 무한경쟁 체제로 인해, 제조산업은 고품질의 제품을 적은 비용으로 빠르고 효율적으로 생산해야 할 상황에 직면했다. 이런 환경에서 제조산업의 성공은 고객 요구에 신속하고 효과적으로 대응해 제품을 빨리 설계, 제조, 시험, 공급할 수 있는 능력에 크게 좌우된다."[24] 따라서 분산제작 시스템 자체만으로 대안을 말하기는 어려운데, 분산제작 시스템이 자본의 필요를 반영하고 있기 때문이다. 하지만 분산제작 시스템이 자본주의 안에서 완전하게 실현될 수 없다. 바로 이 균열이 향후 분산제작 시스템을 둘러싼 갈등의 핵심이 될 것이며, 그 중심은 시장 체계와 비시장 체계의 갈등이다.

상부구조-시민과 제작의 결합

"더 지속적으로 사용할 수 있는 상품들을 또한 더 적게 생산하며 모든 필요를 충족해야 한다."는 대안 규범이 분산제작 시스템을 통해 실현되려면 이를 위한 시민사회의 혁신도 필요하다. 디자인 분야의 세계적 석학 에치오 만치니Ezio Manzini는 말했다. "분산형 시스템은 기술적 혁신에 기반하지만, 확산될 때는 기술적인 측면이 사회적 측면과 분리될 수 없다. 그러므로 분산형 시스템은 사회적 혁신 없이는 실현될 수 없다."[25]

이런 사회혁신에 필수적인 요구가 바로 시민이 제작의 기술과 만나야 한다는 것이다. 바꾸어 말하면 시민이 수리, 변형, 제작하는 권리를 가진 주체이자 이를 실현할 수 있는 일상생활의 제작기술을 보유하는 상황을 의미한다. 이런 요구를 디지털혁명의 단계와 비교하는 것은 흥미로우며, 우리의 사유와 실천을 더욱 명확히 이해하게 만든다.

	디지털혁명	시민사회	해당 공간
1단계	PC	자유로운 개인	사적 공간
2단계	네트워크(Network)	자유로운 개인들의 결사	공적 공간
3단계	메이킹(Making)	결사와 제작의 결합을 통한 물질적 필요의 충족	제작 공간

곧 디지털혁명의 3단계는 비트의 세계에서 원자의 세계로 나아가는 길을 열어준 동시에 시민들이 제작을 통해 일상생활의 필요를 충족할 수 있게 해주었다. 곧 시민제작자Citizen Maker의 가능성이 열린 것이다. 시민사회의 2단계 핵심은 '의견opinion의 형성'이라고 할 수 있다. 의견의 형성에 필수적으로 요구되는 공간은 '공적 공간public space'이다. 그러나 2단계의 시민은 공적 의견의 생산자일 뿐 일상생활에선 단순 소비자이다. 3단계로 넘어가면서 시민은 일상생활의 제작기술을 통해 제작자·생산자로 나타난다. 이때 필요한 공간은 '제작 공간making space'이다. 이 개념은 단지 물리적인 공간이 아니라, 동료 시민과의 결합이 이루어지는 사회적·물질적인 개념으로 이해되어야 한다.

시민제작도시의 의의

시민제작도시는 분산제작 시스템의 도입과 확산을 통해 일상생활의 필요를 충족하는 대안 제작의 기술과 시민을 접속하는 도시이다. 이런 전망은 단순한 규범적인 요청이 아니라, 우리가 직면한 두 위기 곧 4차 산업혁명과 기후변화를 중심으로 하는 생태위기가 일반 시민의 일상생활에 미칠 위험에 대한 대응이기도 하다. 대안 규범에서 출발했지만, 시민제작도시의 형성은 이를 넘어서 두 위기가 초래할 위험에 대한 대안적 의미를 지닌다. 일반 시민의 관점에서 볼 때, 두 위기가 초래하는 가장 중요한 문제는 노동의 위기이다. 4차 산업혁명은 노동의 미래를 불투명하고 불확실하게 만들고, 생태위기는 상품경제의 축소에 기반하여 노동사회의 축소를 요구하기 때문이다. 이런 두 맥락이 결합해 다수 시민의 노동은 그 어느 때보다 불안한 미래에 직면해 있다. 시민제작도시는 이런 모든 문제를 해결할 수는 없지만, 몇 가지 중요한 돌파구를 열어준다.

첫째, 대안 생활체제를 통해 필요 충족의 독립성을 확보하며 다원성diversity과 중복성redundancy이 강화된다. 분산제작 시스템이 도입되면 일상생활의 기본 필요를 충족시키는 대안 제작 체계가 만들어지기 때문에 공급원에 다양성이 생긴다. 거시적으로 보면, 필요를 충족시키는 두 개의 핵심 메커니즘인 전통적인 국가와 시장과는 다른 제3의 메커니즘이 만들어지는 것이다. 이 제3의 메커니즘이 동료 시민과의 연대와 협력을 통해 작동하기 때문에, 이 제3의 메커니즘은 다수 시민의 필요 충족을 위한 외부의존성externality을 감축시킨다. 이와 동시에 공급원이 분산되기 때문에 필요 충족의 공급원이 다원화된다. 따라서 하나의 공급원이 폐쇄되더라도 다른 공급원을 통해 필요를 충족할 수 있게 된다. 쉽게 말하면 백업back-up 공급원이 작동하는 것이다. 이 모든 것은 분산제작 시스템의 장점이다.

둘째, '노동 윤리'에서 '제작 윤리'로의 전환이라는 또 다른 의미를 제공한다. 제작자 운동은 노동 윤리와는 다른 제작 윤리를 발전시킨다. 놀이와 만들기가 융합된 제작이란 행위는 종속관계를 기반으로 타인의 필요를 충족하기 위한 상품을 생산하는 노동 행위와는 근본적으로 다르다. 박영숙은 제작자 운동을 설명하면서 다음과 같이 말했다. "우리는 손으로 뭔가를 만들 때 문제를 직접적으로 대면하게 되고, 문제를 이해하려고 노력하면서 스스로 풀어나간다."[26] 이런 제작 윤리가 중요한 이유는 임금노동의 위기가 본격화되면서, 임금노동이 제공하던 삶의 의미를 충족시켜줄 부분이 공백으로 남기 때문이다. 제작의 시간이 시민의 시간 내부로 들어오게 되면, 물질적 필요의 충족뿐만 아니라 노동 윤리와는 다른 제작 윤리를 통해 또 다른 의미와 만날 수 있다.

셋째, 대안 시민노동이란 개념이 창출된다. 분산제작 시스템은 많은 사람의 '기여'를 통해 작동해야만 한다. '기여'라는 표현을 사용한 이유는 분산제작 시스템이 동료 시민들의 필요 충족을 위한 분산형 시스템이기 때문이다. 이들은 동료 시민의 자격으로 이 시스템에 참여하며, 이들의 기여를 통해 동료 시민들의 참여가 보장된다. 이들의 '기여'는 국가나 정부에 고용된 공무원도 아니고 일반 기업에 고용된 임금노동자도 아니다. 이들의 기여를 표현하는 가장 유력한 개념 중 하나는 독일 사회학자 울리히 벡Ulrich Beck이 도입한 '시민노동'이다. 분산제작 시스템이 시민 모두의 공통자원으로 작동한다면, 이들의 기여는 바로 이 공통자원의 유지와 관리 및 재생산에 대한 것이고, 이런 의미에서 이들의 기여는 동료 시민들의 발전을 위한 '시민노동'이다. 이런 점에서 분산제작 시스템은 대안 노동의 한 유형으로 시민노동이란 범주를 만들어낸다. 물론 "시민노동에 대한 보상을 어떻게 해야 할 것인가?"라는 어려운 문제가 남는다. 원칙적으로 말한다면 시민노동의 보상은 시민임금을 통해 보상되어야 하며, 시민임금은 동료 시민들이 주는 것이다.

대안적 자유의 창안-제작을 통한 도시의 자유 창안

도시는 자유를 원한다. 유럽 중세도시에 기원을 둔 "도시의 공기는 자유롭다!"는 구호는 우리에게도 익숙하다. 흥미로운 점은 바로 그 유럽 중세도시가 상공업자들의 길드guild에 기반을 둔 자치도시라는 것이다. 길드란 동일 업종에 종사하는 수공업자들이 다른 도시의 상공업자들과 경쟁에서 도태되지 않도록 서로 협조하려는 목적으로 탄생한 일종의 동일업종조합이라고 할 수 있다. 유럽 중세도시의 길드는, 시민제작도시라는 전망을 단지 위기를 다루는 대응 방식이나 분산제작 시스템과 같은 하부구조 차원이 아니라, 동료 시민의 자유를 조직하는 새로운 방식이란 관점에서 제작, 도시 그리고 시민의 자유를 연결하여 상상할 수 있는 역사적 자료를 제공한다.

제작 윤리가 대안적인 시민의 자유와 연결되어 있다는 점은 이미 많은 이가 주장했다. 이반 일리치는 사람들이 무언가를 가지는 데 그쳐서는 안 되며, 무언가를 만들고 그 안에서 살아갈 자유가 필요하다고 역설했다. 이런 의미에서 본다면, 시민과 제작의 결합은 그 자체로 새로운 자유의 창안과 밀접하게 연결되어 있다. 이 자유를 제작자들의 선언에서 반복해 나타나는 것처럼 "자신의 세계를 빚어내는 권한"이라고까지 주장할 필요는 없다. 하지만 시민과 제작이 결합한 시민제작도시는 일상생활의 물질적 필요를 동료 시민과의 연대 및 협력을 통해 해결하는 '협력의 하부구조'를 전제하거나 강화한다. 이 과정을 통해 사물과 인간의 관계를 재조정하고 기존 도시가 제공하던 '개인화된 자유'와는 다른, 공통의 물질생활에 대한 통제를 기초로 작동하는 새로운 '사회적 자유'의 가능성이 존재한다.

기존 도시가 제공하던 자유는 기본적으로 신체의 자유에 기반을 둔 정치적 자유이다. 신체의 자유는 직업 선택의 자유 및 이동의 자유와 밀접하게 연결되어 있었다. 도시가 제공하던 노동의 위치는 전통적인 공동체에서 부과되던 인격의 구속으로부터 우리 신체를 해방하였으며, 도시는 오직 그 신체에 기초해 능력을 평가하는 새로운 체계를 구축했다. 또한 이렇게 개인화된 신체의 자유를 바탕으로 동료 시민과의 자유로운 결사를 보장했는데, 이것이 도시 시민사회의 형성을 이끌었다. 그러나 바로 이 도시의 자유가 도시의 발전 과정에서 '자기파괴'의 경로로 나아가고 있다. 물질적인 토대가 임금노동에 결박되어 있기 때문에 임금노동이 무너지면 모든 자유도 무너진다. 이와 함께 물질적인 토대 역시 흔들리는데 노동, 주택, 화폐가 그 핵심이다. 이제 도시는 그 자체로 하나의 불안생산 장치이다.

낡은 자유의 파괴 과정에서 새로운 자유를 생산하는 방법은 정치적 자유와 분리된 물질적 자원의 통제 권한을 동료 시민에게 되돌려 자유의 토대를 다시 구축하는 것이다. 이 과정은 개인의 자유로는 도달할 수 없는 협력의 하부구조를 요청하고, 이에 따라 그 자유의 형식은 개인적이 아니라 사회적이다. 동료 시민이 물질적 자원의 생산과 관리, 분배를 통제한다는 의미에서, 동료 시민의 길드라는 새로운 연합유형을 요구한다고 말할 수도 있을 것이다. 시민제작도시는 바로 이런 새로운 도시의 자유를 위한 하나의 실험적 전망이다.

이미 도시는 도시문제의 해결을 위해 이와 같은 방법을 적극 모색하고 있다. 미국의 '메이커 시티 프로젝트Maker City Project', 스페인 바르셀로나의 '팹 시티 프로젝트Fab City Project'는 이런 경향을 대표하는 모델이다. 아직 구체적인 원형이 만들어졌다고 할 수 없기 때문에 이 모델을 평가하는 것이 쉽지는 않다. 하지만 도시에서 등장한 새로운 해결 방법을 동원해 도시의 문제를 풀어간다는 발상 안에 '수리에서 제작까지'로 연결되는 대안 작업 체계의 구상, 이를 활성화하는 시민권한강화의 전략이 부상하고 있다는 점은 함께 고민해봐야 할 문제이다.

지금 우리에게 제기된 문제는 본질적으로 자유의 문제이다. 탈성장 운동과 제작자 운동은 바로 이 문제를 다루는 데 필요한 원칙과 도구를 함께 제공한다. 그러나 거대한 도전에 대응하는 동시에 새로운 자유를 창안하기 위해서는 두 운동의 '지평의 융합'이 이루어져야 한다. 탈성장 운동과 제작자 운동은 대응하는 맥락이 각각 다르지만 두 운동이 융합될 때 현재 우리가 직면한 위기를 다룰 새로운 문제 해결 능력이 형성된다. 따라서 이를 잠정적으로 '지평의 융합'이란 문제틀로 다룰 것이다. 이 새로운 문제 해결 능력은 기존 체제 내에서 미래를 예시하는 대안 실험을 조직할 수 있으며 전체사회의 질서를 새롭게 부과할 역량으로 발전할 수 있다.

탈성장 운동은 제작자 운동의 산업화를 통한 또 다른 발전 전략으로의 귀결에 비판적인 시선을 제공하는 동시에 제작자 운동을 탈성장이라는 전환 프로젝트로 통합하는 경로를 열어준다. 또한 제작자 운동은 탈성장 운동에 현실 속 구체적 장소를 제공하며, 이행을 위한 도구와 기술을 제공한다. 이와 같은 지평의 융합이 발생할 때, 우리는 기존과 다르게 시민과 제작이 융합되는 방식으로 자유를 정의하고 접근하는 조건을 창출할 수 있을 것이다. 물론 두 운동만의 융합으로 현재 도시가 직면한 모든 문제를 해결할 수는 없다. 따라서 우리는 다른 운동들에 열려 있는 자세로 늘 새롭게 지평을 재구성하기 위해 힘써야 한다.

메이커 문화의 담론적 지형[1]

최혁규

문화사회연구소 운영위원

우리는 모두 메이커다

누군가는 소비의 시대가 끝나고 생산의 시대가 다시 왔다고 이야기한다. 그도 그럴 것이 주변을 살펴보면 목공이나 가죽공예와 같은 핸드메이드부터 오픈소스 하드웨어나 3D프린터 같은 하이테크놀로지를 활용한 제작까지 다양한 방식으로 스스로 무언가를 만들어내고 그런 물건을 사용하는 사람들이 간간이 눈에 띈다. 일반적으로 무언가 스스로 만들어내는 행위를 'DIY 문화'라고 불렀는데, 최근 몇 년 사이엔 '메이커 문화'라는 이름으로 명명되며 대중화되어야 할 어떤 대상이 되었다. 몇 년 사이 신문 기사나 칼럼엔 '메이커 운동' '메이커 교육'과 같은 용어에 주목해 이를 지원하고 활성화해야 한다는 논조를 쉽게 찾아볼 수 있다.

메이커 운동이 무엇인지를 살펴보기 전에 메이커 운동이 어떻게 우리에게 전달되었는지를 알아보자. 메이커 운동의 본격적인 확산은 2000년 초 미국으로 거슬러 올라가 몇 가지 사건들을 짚어봐야 한다. 2005년 미국의 오라일리 미디어O'Reilly Media가 기술자와 취미공학자의 풀뿌리 기술혁신 기지로 잡지 《메이크》를 창간하며 '메이커 운동'을 천명하고, 2006년 제1회 〈메이커 페어〉를 개최했다. 미국 IT 기업가들은 메이커 운동을 디지털 장비들을 활용한 제조업혁신으로 포착해 디지털 제조업을 촉진하기 위해 디지털 공작기기들이 구비된 메이커스페이스인 테크숍Techshop을 설립했다. 특히 2011년 메이커 운동의 주창자 중 한 명인 데일 도허티Dale Dougherty는 〈우리는 모두 메이커다!We are Makers!〉라는 강의를 통해 대중적 인식에 불을 지폈다. 또한 IT 잡지 《와이어드Wired》의 전 편집장이자 롱테일법칙 Long Tail Theory의 주창자 크리스 앤더슨Chris Anderson은 2012년에 『메이커스MAKERS』를, 테크숍의 공동 창립자 마크 해치Mark Hatch 는 『메이커 운동 선언The Maker Movement Manifesto』을 출판하며 메이커 운동을 정식화했다. 미국 오바마 정부는 스템(STEM: Science과학, Technology기술, Engineering공학, Mathematics수 학 융합교육) 프로그램을 실시하면서 그 선두주자로 메이커들 을 백악관에 직접 초대했고, 2014년 〈메이커 페어〉를 백악관에 서 개최하도록 지원하는 등 메이커 운동을 국가적 차원에서 진 흥시켰다. 즉 메이커 문화는 기술자나 취미공학자의 서브컬처 subculture이기도 하지만 미디어 기업, IT 기업, 미국 정부 등에 포착되면서 활성화되고 진흥되어야 하는 산업적·정책적 과제 가 되었다.

이런 와중에 메이커 운동이 국내에도 수용되었다. 2011년 5 월 한빛미디어가 한국판 《메이크》를 창간하고, 2012년 6월에 는 《전자신문》과 공동 주최로 〈메이커 페어 서울〉을 개최했다. 또한 2013년 세운상가에 '팹랩서울Fablab Seoul'이 개소하며 팹 랩이나 메이커스페이스 같은 공간을 사람들에게 알렸고, 특히 2013-2014년 앤더슨의 『메이커스』, 해치의 『메이커 운동 선 언』 같은 해외 책들이 번역 출간되며 조금씩 마니아층에서 알 려지기 시작했다. 2016년 9월 미래창조과학부2017년 7월 과학기술정 보통신부로 변경와 한국과학창의재단은 "창조경제의 원동력으로서 한국형 메이커 운동 확산! 2018년까지 100만 메이커 양성!"이 라는 슬로건을 내걸며 메이커 운동에 대한 적극적인 정책 의 지를 밝혔다.[2] 또한 4차 산업혁명의 담론이 도입되며 디지털의 주요 기술을 다루는 메이커 교육이 주목받고 있는 상황이다. 이런 과정을 보면 국내 메이커 운동의 전개는 일부 미디어 아티스트나 취미공학자들의 자생적 활동으로 번져나가긴 했지만 중앙정부 주도의 정책으로 강력하게 추진되며 확산되었다.

이런 과정에서 '메이커maker'는 단순히 '만드는 사람'이라는 의미 이상의 무언가를 지칭하게 된다. 메이커는 공예가, 목수, 엔지니어, 디자이너, 프로그래머, 기획자 등의 합집합도 아니고, 전통적인 의미의 장인과 정확히 일치하는 것도 아니다. 그렇다면 도대체 메이커는 무엇이고 누구인가? 첫 번째 힌트는 다음과 같다. 메이커 운동의 창시자 데일 도허티는 애초에 《메이크》의 이름을 '핵Hack'으로 지으려고 했다. 그런데 '해킹hacking'이라는 단어가 부정정인 의미로도 사용되어서 이런 어감을 순화시키기 위해 메이킹making이라는 용어를 고안해냈다.[3]

하지만 이러한 메이커 운동의 계보를 추적해 그 출발점과 전개 과정을 파악하면서 역사적 기원과 문화적 본질을 재차 강조하는 건 이 글의 관심사가 아니다. 그보다는 오히려 현재 메이커 운동이 다양한 방식으로 해석되며 복잡한 의미망을 형성한다는 점에 주목해야 한다. 메이커 운동은 다양한 사회적 이해관계 속에서, 우리가 직면한 사회적 문제들에 따라, 그리고 메이커 운동에 참여하는 각 주체의 입장과 위치에 따라 이질적인 의미가 만들어지며 그 의미들이 서로 경합하고 있다. "우리는 모두 메이커다!"라고 외치고 싶지만, 이 '메이커'라고 하는 단순한 명사에 다양한 의미와 복잡한 사회적 관계들이 함축된 것이다. 따라서 메이커 운동과 관련된 전체적인 담론적 지형도를 그려볼 필요가 있다.

(재)생산되는 메이커 운동 담론들

이제 메이커 운동의 내재적 의미를 밝혀내는 작업만이 아니라, 메이커 운동에 관한 담론이 사회적 맥락에서 어떻게 새롭게 의미가 생산 및 재생산되고 있는지를 살펴보고자 한다. 또한 사회구조 속에서 구체적인 제도적 실천과 주체들의 행위를 통해 어떻게 담론 권력을 행사하고 있는지도 비판적으로 살펴본다. 메이커 운동의 의미를 재생산하는 데 지배적인 영향력을 미치는 것은 번역 출간물, 국가기관에서 정책적 목표로 만든 정책보고서, 문화예술 현장에서 생성된 글들 정도이다.

우선 미국의 메이커 운동 확산 과정과 마찬가지로, IT 관련 출판사에서 출간한 한국판 《메이크》나 메이커 운동을 정식화한 해외 단행본의 번역 출간물이 있다. 특히 대중적으로 가장 영향력을 준 책은 앞서 언급한 『메이커스』와 마크 해치의 『메이커 운동 선언』이다. 앞으로 살펴보겠지만 이 책들은 메이커 운동을 정식화하는 주요한 전제와 주장들을 담고 있으며, 무비판적으로 수용하든 비판적인 관점에서 논의되든 주요한 레퍼런스로 기능하고 있다. 또한 디지털 테크놀로지로 인한 산업혁명과 새로운 미래 사회의 도래를 논의하는 단행본들이 명시적으로 메이커 운동을 소개하고 의미화하고 있다.

다음으로는 중앙정부나 지자체에서 수용해 재생산한 담론이 있다. 이 담론은 주로 미국의 메이커 운동을 본보기로 삼아 국내에 메이커 운동을 제도적으로 활성화하려는 목적을 지닌 정책보고서 형태이다. 특히 정부의 정책보고서는 메이커 운동을 단순히 소개하는 데 그치지 않는다. 현존하는 사회 질서 속에 안착시키기 위해 지배 담론을 적극적으로 활용, 메이커 운동을 현실에 맞게 번역해 의미화하거나 새로운 정책적 용어를 만들어낸다. 중앙정부의 경우, 기존의 정보통신정책과 과학기술정책을 담당하고 있는 미래창조과학부 산하 한국전자통신연구원ETRI과 한국과학창의재단 등의 부처에서 메이커 운동에 관한 정책 담론들을 주도적으로 생산해냈다. 과학기술정책연구원은 메이커 운동에 대한 연구보고서는 아니지만, 메이커 운동이 함의하는 디지털 제작기술의 문제를 과학기술정책의 관점에서 다루는 담론을 만들었다. 서울시의 경우, 사회혁신정책에 관련된 여러 담론을 만들어내는 사회혁신리서치랩에서 대안적 관점에서 메이커 운동에 관한 논의를 진행했다.

또한 특정 미디어 기업이나 몇몇 국가기관에서 생성된 담론과 달리 자생적으로 만들어지는 메이커 운동 담론이 있다. 이것은 주류 미디어를 통해 유통되지 않고 있다는 점에서 앞선 담론들에 비해 비교적 영향력이 적다. 기존의 제작 문화, 디자인, 뉴미디어아트 등 문화예술 활동의 영역에서 수용되어 확산된 담론은 주로 해당 장르의 전문 미디어나 독립출판 등을 통해 이루어지고 있다. 하지만 자생적으로 만들어지고 있는 메이커 운동 담론이 특정 미디어 기업에서 출판된 단행본이나 국가기관의 정책 담론과 독립적으로 차별화된 담론을 생산해내고 있는 것은 아니다. 이 담론은 일정 정도 지배적인 담론 경향을 소개하고 매개하는 역할을 하고, 때로는 이를 비판적으로 논박하면서 메이커 운동의 대안적이고 대항적인 의미나 가치를 주장하기도 한다.[4]

메이커 운동 담론의 논리-메이커 되기

국내에서 가장 많이 인식되고 있는 메이커 운동 담론의 핵심적 논리는 크리스 앤더슨의 책 『메이커스』에서 볼 수 있다. 앤더슨은 "오늘날은 발명가가 곧 기업가가 되는 시대"[5]라고 설정하고, 메이커 운동의 목표를 '산업혁명'이라고 천명한다. 이런 메이커의 시대가 가능하게 된 주요한 조건은 기술적 혁신이다. 각종 인터넷 교육 동영상, 아두이노, CAD소프트웨어, CNC컴퓨터수치제어 기기, 3D프린터 등 '생산도구의 민주화'는 개개인이 발명가가 될 수 있는 기술적 토대이다. 또한 발명품을 상품화할 소규모 자본을 모을 수 있는 '크라우드 펀딩crowd funding'이라는 조건도 마련되어 있다. 이렇게 생산의 물적 조건이 변화한 상황에서 개인들은 '호모파베르Homo Faber, 도구의 인간'라는 인간 본연의 모습을 현실적으로 실현할 수 있고, 나아가 '혁신적인 기업가'가 되어 현실의 경제적 구조를 주체적으로 바꿀 수 있다.

이런 기술적 혁신의 경제학적 설명은 '롱테일법칙'으로 뒷받침된다. 앤더슨은 대중 취향의 '소품종 대량 생산'이 개인 취향의 '다품종 소량 생산'으로 변화하고 있다는 롱테일법칙을 이야기했다.[6] 앤더슨에 따르면, 웹 혁명은 다양한 사람들이 인터넷을 통해 자유롭게 유통할 공간이 만들어졌던 유통혁명이고, 메이커 혁명은 개인들이 다양한 상품을 제조하고 이를 공급할 수 있게 된 생산혁명이다. 즉 앤더슨이 주장하는 메이커의 시대는 생산도구의 민주화로 개인이 다양한 상품을 생산하고, 이를 웹을 통해서 유통할 수 있게 된 디지털 시대의 제조업혁명이다. 그는 메이커 운동이 단순히 경제적 구조를 바꿔놓은 것

을 넘어서 사회 전체를 재편하리라 전망한다.[7]

앤더슨은 기술혁신의 토대와 크라우드 펀딩 같은 자금조달 방식을 통해 모두가 발명가가 될 수 있고, 모든 발명가가 기업가가 될 수 있는 산업혁명의 시대가 오리라는 메이커 운동의 미래상을 소묘한다. 이에 반해 마크 해치는 이런 산업혁명의 미래상에 더 가까이 갈 수 있는 메이커 운동의 실천적 지침을 논의한다. 해치가 말하는 메이커 운동 선언은 앞서 논의했던 기술적 혁신을 통한 사회적·경제적 혁명의 가능성을 실현하기 위한 실천적 강령이다. 그런 면에서 『메이커 운동 선언』은 메이커 운동의 일반 조건과 목표를 테제화한다. 그는 인터넷으로 대표됐던 '웹 2.0 시대'를 지나 사물인터넷과 제조업을 중심으로 한 '메이커 운동의 시대'가 왔다고 진단한다.[8] 해치는 자신이 공동으로 창립한 테크숍에서 만났던 다양한 프로·아마추어 메이커들의 사례를 통해 '지속적인 학습'이 성공적인 벤처기업을 만들어낼 수 있다고 강조한다. 메이커 운동은 "만들라, 나누라, 주라, 배우라, 도구를 갖추라, 가지고 놀라, 참여하라, 후원하라, 변화하라"라는 총 9개의 강령을 가지고 있고, 이를 준수하면 우리가 모두 메이커가 될 수 있기 때문에 해치는 "우리는 모두 메이커다!"라고 강력하게 선언한다.

앞선 논의들이 메이커 운동의 기본적인 논리로 기술혁신과 그에 따른 산업혁명을 주장하는 반면, 메이커 운동의 인간적인 가치를 강조하는 논의들도 있다. 영국 사회학자 데이비드 건틀릿David Gauntlett은 웹 2.0에서 부각된 네트워크 가치의 중요성을 강조하고 '만들기'라는 행위가 곧 '사회적 결속connecting'이라고 주장하면서, 인간의 창조적인 제작 활동을 통해서 개인의 행복만이 아니라 사회적 결속과 공동체 형성을 모색할 수 있다고 하였다.[9] 또한 메이커 운동의 다양한 성공 사례를 소개하는 담론들은 메이커 활동을 통해 새로운 삶을 살게 되었다는 이야기를 담아낸다. 이 담론들은 '만들기 자체의 즐거움'부터 메이커가 되면서 얻게 된 '새로운 삶의 방식'에 대한 예찬까지 다양한 방식으로 사례를 소개한다.[10] 이런 점에서 보면 메이커 운동은 단순히 경제적 혁신만을 목표로 설정한 논리라기보다 그 과정에서 사회적 관계나 기술 소외를 극복할 수 있다는 주장을 동반한다. 하지만 메이커가 된다는 전제하에서만 가능한 일이다.

메이커 운동 담론의 주요한 전제와 주장을 시나리오로 구성하면 다음과 같다. 기본적으로 메이커 운동은 다가올 미래 사회를 추동하는 '선언manifesto'이자 개인과 사회를 변화시키는 하나의 '운동movement'이다. 현재 메이커 운동이 가능한 현실적 조건 몇 가지가 마련되어 있는 상황인데, 그중 가장 핵심적인 요소는 오픈소스 하드웨어, 3D프린터, CNC 기기 등의 '기술적 토대'와 이를 자유롭게 사용하며 공유할 수 있는 메이커스페이스라는 '공간적 조건'이다. 이런 조건은 호모파베르로서 인간의 본성을 유감없이 발휘할 가능성을 열어준다. 인간은 제작하고 창조하는 본성이 있기 때문에 이런 기술적·공간적 조건에서 '매뉴얼'에 따라 메이커 교육을 받는다면 '전무한 사람Zero'에서 숙달된 '전문가Pro'까지 누구나 메이커가 될 수 있다. 그리고 무언가를 만드는 행위는 단순히 취미 차원에 국한된 것이 아니라, 크라우드 펀딩을 통해 자신의 아이디어 상품을 제작할 소규모 자본을 조달해 1인 창업이나 스타트업start-up을 시도할 수 있다. 또한 온라인과 오프라인의 커뮤니티 문화나 오픈소스 같은 공유 문화가 확산되어 있기 때문에 서로 공유하고 협업하면서 연결되는 '메이커들Makers'로 거듭난다. 이런 과정을 통해 '메이커의 시대'가 도래하면 기존의 제조업은 디지털 제조업으로 '진화'될 것이고, 개인의 삶의 방식과 경제적 구조에 '혁명'이 일어날 것이다.

이렇듯 메이커 운동의 담론들은 공통으로 기술혁신과 더불어 시대의 패러다임이 변했다는 점을 강조하고, 이런 조건들 속에서 디지털 제조업이라는 새로운 산업이 출현해 개인의 삶의 방식이나 사회적 관계도 변화할 것이라고 논구한다. 그리고 이 모든 변화가 가능하기 위한 단 한 가지 과제를 남겨놓는다. 바로 개별 주체들의 '메이커 되기'다. 요컨대 메이커 운동 담론은 기술혁신, 크라우드 펀딩, 공유 문화 등의 조건 속에서 삶의 방식, 사회적 관계, 산업구조 등이 변할 수 있다고 한다. 이는 호모파베르라는 인간 본성을 가진 개별 주체들의 '메이커 되기'를 통해서만 가능하고, 이 메이커는 경제적 주체로서 '창조적 기업가'의 상像을 하고 있다.

메이커 운동–창조경제의 문화적 뿌리

메이커 운동 담론의 적극적인 확산은 앞서 다루었던 주요 단행본들이 번역 출간되면서 시작되었지만, 1990년대 벤처 열풍 이후 주춤했던 기존 IT산업에 혁신을 가하기 위한 정책 수립 과정에서 촉발되기도 했다. 박근혜 정부가 출범 당시 내걸었던 '창조경제'라는 정책적 프레임은 경제만이 아니라 교육·예술

등의 분야에서 새로운 정책들을 구상하고 만들어내는 계기가
되었고, 정보통신기술ICT 분야도 마찬가지였다. 이런 과정에서
메이커 운동 담론은 창조경제 담론과 접합되어 '1인 디지털 제
조업' 'ICT DIY' '한국형 메이커 운동' 등의 용어로 정의되며 창
조경제의 원동력으로 간주되었다. 그리고 이런 정책 담론의 생
산 주체는 주로 한국과학창의재단과 한국전자통신연구원 같은
기관들이다.

정보통신정책연구원KISDI은 2013년에 제출한 보고서에 '디
지털 제조Digital Fabrication'에 대한 정책적 방안을 내놓는다. 이
보고서는 DIY 및 메이커 운동을 소개하면서 디지털 제조가 다
품종 소량 생산 방식이고, 일반인으로부터 진행되고 있는 상향
식 변화라고 논의한다. 그리고 국내에도 커뮤니티 활동이 자생
적으로 일어나고 있지만 정부에서 체계적으로 지원하지 못하
기 때문에 미약하다면서 정부 차원의 정책이 요구된다는 점을
적시한다. 따라서 정부 차원에서 디지털 제조의 활성화를 위
해 정책적으로 지원해야 하고, 디지털 제조의 혁신이 일어나도
록 시민들과 제조기업들의 자발적 참여가 필요하다고 제안한
다.[11] 이후 미래창조과학부는 이를 'ICT DIY'라고 명명하며 이
를 표준화하는 정책 방안을 마련한다. 미래창조과학부에 따르
면 "ICT DIY, 즉 '내가 만드는 ICT'란 누구나 창의력을 바탕으로
스스로 ICT 제품과 서비스를 구상하고 이를 조립·개발하는 것
을 의미하며, 이를 통해 국민의 상상력을 ICT에 접목함으로써
창조경제 실현에 일조할 수 있을 것이다."[12]라고 정의한다.[13] 이
런 과정에서 ICT DIY는 메이커 운동과 창작 문화가 만나는 '국
민 주도형 창업 문화'로 메이커 운동에 대한 의미를 부여하고

메이커 생태계 조성을 위한 교육 방안을 모색한다.[14]

2014년에 한국과학창의재단이 발행한 정책연구과제인 「국내외 메이커 운동 사례 조사 및 국내 메이커 문화 활성화 방안 정책 연구」 보고서는 주목할 만하다. 메이커 문화 활성화를 위한 최초의 정책연구보고서이기 때문이다. 그런 점에서 이 보고서는 중앙정부 주도 메이커 징책 담론을 생산해내는 기틀을 마련했다. 이 보고서는 제조업을 재구조화할 수 있는 신성장 동력으로 메이커 운동을 간주한다. 그리고 구체적인 국내 메이커 현황 조사를 바탕으로[15] 한국에서 메이커 문화가 확산되지 않는 이유를 인식 부재와 정보 부족으로 진단하고 메이커 운동 활성화의 네 가지 지표로 공간, 교육, 교류, 성과확산을 설정한다. 이를 기반으로 메이커 주기로, 생애 주기로 단·중기 실행 계획을 제안한다. 주목할 점은 메이커 운동을 통한 사회적·기술적·경제적 차원의 기대효과를 가늠하고 있는 부분이다. 사회적 차원은 창조경제의 확산을 위해 창의성과 혁신성이 넘치는 분위기가 조성되고, 기술적 차원에서는 ICT 기반으로 국가 경쟁력을 갖추게 되며, 경제적 차원에서는 메이커 생태계가 활성화되고 산업 간 융합이 일어날 것으로 기대한다.[16]

2015년에는 메이커 운동이 본격적으로 '창조경제의 문화적 뿌리'로 표상되기 시작했다. 2015년 중순에 발행된 「메이커 운동 활성화 방안」 보고서에는 메이커 운동 활성화와 관련된 세부적인 추진 체계와 방안이 만들어지고, 2016년 11월에는 「메이커 운동 활성화 방안 연구」라는 세부 계획을 담은 보고서가 발간된다.[17] 이 보고서는 현재까지 진행되고 있는 국내외 메이커 운동의 창업 현황을 분석하면서 메이커 운동을 통한 창업 활성화 정책과 실행 방안을 구체적으로 제시하고 있다.

　미래창조과학부 산하기관을 통해 생산된 메이커 운동 담론은 메이커 운동을 '새로운 경제혁신의 원동력'으로 설정하고 '한국형 메이커 문화'를 수립하고 확산시키는 것이다. 한국전자통신연구원은 주로 기존 IT산업의 연장선에서 ICT DIY를 메이커 운동으로 다루면서 창업 문화를 진흥하기 위한 메이커 생태계 구축을 논의하고, 한국과학창의재단은 기술적 측면에 메이커 교육과 메이커 창업 방안을 모색하고 있다. 두 정책 담론 모두 경제적 관점에 따라 디지털 제조업의 '창업'의 측면에서 메이커 운동 담론을 수용하고 재생산한다. 이 담론은 경제적 창업 주체로서 메이커를 간주하려는 '메이커 되기' 담론의 논리와 동일 선상에 있다. 이렇듯 메이커 운동 담론은 한국 사회의 IT산업정책과 과학기술정책과 친화성을 가지면서 미래창조과학부와 그 산하기관이 생산해내는 창조경제 담론과 접합되어 의미를 만들어간다.

4차 산업혁명의 선두주자

메이커 운동은 일찍이 크리스 앤더슨이나 마크 해치에 의해 '경제혁명' 또는 '3차 산업혁명'으로 간주되었다. 하지만 메이커 운동과 산업혁명에 관한 논의는 본격적으로 다뤄지지 않았고, 국내에 수용될 때도 주로 새로운 창업 아이템 정도로만 여겨졌다. 하지만 2016년 초 스위스 다보스의 세계경제포럼WEF, 다보스 포럼에서 제조업과 ICT가 융합된 4차 산업혁명이 주요한 의제로 다뤄지고, 미국의 메이커 운동과 독일의 인더스트리 4.0이 주요한 사례로 언급되면서, 4차 산업혁명의 맥락에서 메이커 운동이 주목받기 시작했다. 세계경제포럼의 창립자이자 회장인 클라우스 슈밥Klaus Schwab은 4차 산업혁명을 이끄는 주요 기술혁신을 이야기하면서 사물인터넷, 인공지능, 빅데이터, 3D프린터, 자율주행 등을 언급하고 디지털 제조업을 통한 경제적 구조의 변화를 논의했는데, 이는 메이커 운동에서 논의하고 있는 기술혁신 및 경제혁신과 유사한 성격을 지닌다.

국내에서 4차 산업혁명과 메이커 운동의 관계에 대해 담론이 생산된 첫 번째 사례는 세계경제포럼 직후 2016년 1월에 방영된 KBS의 2부작 다큐멘터리 ⟨카운트다운! 4차 산업혁명⟩이다.[18] 이 다큐멘터리의 1부 '메이커 시대가 온다'는 중국과 미국의 메이커스페이스 사례를 통해 메이커 운동을 소개하고, 개인들이 취미공학적 기술을 활용해 물건을 만들어내고 이를 기반으로 창업할 수 있는 메이커가 되어야 하는 시대가 다가왔다는 메시지를 전달한다. 그리고 2부 '혁신 제조업 빅뱅'은 미국과 독일 등의 사례를 통해 기존의 제조업이 ICT와 융합하면서 재편되는 상황을 보여주며 한국의 산업구조도 시대의 흐름에 발맞춰야 한다는 점을 전한다. 이 다큐멘터리는 4차 산업혁명에 대한 논의를 신속하게 전달하는 동시에 기술혁신과 교육, 창업이라는 차원에서 메이커 운동의 사례들을 대중적으로 소개한다. 이런 과정을 거쳐 메이커는 '4차 산업혁명의 선두주자'로 호명된다.

4차 산업혁명 담론과의 접합은 메이커 운동이 새로운 산업혁명으로 논의하고 있는 제조업의 디지털화라는 '산업구조의 변동'과 맞물려 진행되었다. 하지만 메이커 운동이 기술혁신과 더불어 개인들이 교육을 통한 메이커 주체가 되는 것으로부터 출발해 산업구조의 변화를 핵심적으로 논구하고 있다면, 4차 산업혁명은 인공지능이나 빅데이터, 사물인터넷 등 기술혁신에 더욱 주목해 산업구조의 변동과 그로 인해 도래할 미래 사회를 소묘하고 있다. 즉 창조경제라는 기조 아래 창업과 연계된 메이커 운동 담론은 주체적 차원에 따라 개인 주체들의 '메이커 되기'를 강조하고 있다면, 산업혁명과 접합된 메이커 운동 담론은 개인과 주체의 문제보다는 사회구조적 차원에서 산업구조의 혁신을 부각하고 있다.

메이커 운동을 통한 디지털 사회혁신

메이커 운동 담론이 한편으로는 창조경제나 산업혁명과의 접합 과정에서 개인의 교육이나 창업 혹은 산업구조가 변동되면서 경제주의적 방향성을 가졌다면, 다른 한편으로는 제작 행위의 공동체적 가치나 사회적 가치에 주목하는 담론도 있다. 이 담론은 주로 메이커 운동을 사회혁신정책의 일환으로 간주하는 것으로, 첨단기술을 활용해 사회문제를 해결할 수 있다고 주장하는 '사회문제 해결형 메이커 운동'이다. 특히 서울시 사회혁신정책이나 국무총리실 산하 경제인문사회연구회 소속 과학기술정책연구원은 메이커 운동을 '디지털 사회혁신'으로 논의한다. 디지털 사회혁신은 최근 서울시의 사회혁신정책과 디지털기술정책과 관련해 확산되는 추세이지만, 과학기술을 통한 사회적 문제 해결을 논의하던 과학기술정책 분야에서 이전부터 지속적으로 다루던 주제이기도 하다.

서울시 주도의 디지털 사회혁신 담론은 2016년부터 제시되기 시작했다. 서울시는 은평구에 '혁신파크'를 설립하면서 디지털 기술을 통한 사회혁신과 관련된 논의를 전개했다. 초창기에는 기술 기반 사회혁신 프로젝트와 기술혁신 역량 강화 교육의 장으로 메이커스페이스의 필요성을 주장했다.[19] 디지털 사회혁신은 메이커 운동을 확장해가는 단계에서 더욱 본격적으로 논의되면서 탈성장 운동과 메이커 운동의 융합을 통한 '탈성장주의 사회혁신 모델'을 수립했다. 전 지구적으로 생태위기인 현 상황에서 발전주의 모델을 비판하며 대안적 모델을 실험하는 탈성장 운동, 4차 산업혁명이 제기되는 맥락에서 DIY, DIWO, DIT의 방법으로 기술장치를 만들어내는 개인적 집단의 출현인 메이커 운동제작자 운동, 이 두 가지를 융합해 '시민제작도시'라는 사회혁신 모델을 제시하는 것이 골자이다.[20]

동료 시민과의 연대와 협력에 기초한 '자립 전략으로서 메이커 교육'도 논의한다. 메이커 운동의 산업화 전략이 사회와 분리된 경제 운동이라는 점을 비판하면서, 자립으로서 메이커 교육에 기반한 교육혁신과 동료 시민들과 사회를 형성하는 사회혁신, 즉 '지역공동체와 연결된 공동 작업장 모델'이라는 미래 교육의 상을 제시한다.[21] 요컨대 서울시의 사회혁신 차원에서 서울이라는 도시의 문제를 해결하려는 전략이자, 제작을 통한 새로운 대안교육 전략으로서 메이커 운동을 제시한다.

사회혁신 차원의 메이커 운동 담론은 서울시 혁신정책에서만 논의되는 것이 아니다. 디지털 기술을 통한 사회혁신을 주장하는 서울시의 논의는 일정 부분 과학기술정책연구원에서 생산해낸 디지털 사회혁신 논의를 일정 부분 근거로 해 전개된다. 과학기술정책연구원에서는 메이커 운동 담론이 부상하기 이전부터 팹랩이나 리빙랩Living Lab의 모델에 착안해 디지털 기술을 활용한 사회혁신을 논의했다. 특히 '사용자 주도의 개방형 혁신 모델'로서 리빙랩[22]과 '사용자와 시민사회를 위한 혁신 공간'으로서 팹랩[23]에 주목하는 연구보고서를 발행했다. 이것은 창의적 아이디어를 실현하는 제작형·지원형·통합형 오프라인 혁신 공간을 국내에 안착시키려는 정책적 시도였다. 여기서 말하는 '디지털 사회혁신'이라는 단어는 '새로운 사회관계의 조직 방식을 통한 사회문제 해결'을 도모하는 사회 분야 사회혁신과, '삶의 질과 지속 가능성 향상을 위한 사회문제 해결형 기술 개발'을 중심으로 하는 과학기술 분야 사회혁신이 통합되는 경향을 뜻한다.[24]

경제적이고 산업적인 측면에 초점을 맞춘 메이커 운동 담론이 주로 중앙정부의 미래창조과학부 주도로 생산되었다면, 사회혁신 차원의 메이커 운동은 서울시의 사회혁신정책에서 생산되었다. 디지털 사회혁신의 측면에서 사회문제를 해결하려는 메이커 운동은 중앙정부가 주도하는 메이커 운동의 산업주의적 경향을 비판하면서 논지를 전개한다. 이 경향을 극복하기 위해 사회적 관계를 회복하는 교육이나 도시문제 해결을 위한 메이커 정책이 필요하다는 대안적 지점을 제시한다. 하지만 메이커 운동이 함의하는 기술혁신과 사회혁신이 접합되는 문제를 거슬러 살펴보면, 디지털 기술을 통한 사회혁신의 주장은 서울시의 담론에만 국한된 것은 아니다. 과학기술정책연구자들은 이전부터 과학기술의 사회적 차원에 입각해 디지털 사회 혁신의 필요성을 주장해왔다. 이 점은 메이커 운동의 정책 담론을 중앙정부와 지자체라는 두 주체로 단순히 구분할 수 없음을 드러낸다. 오히려 메이커 운동의 담론적 성격은 운동의 목표를 창업이라는 경제주의적 측면에 두는지, 아니면 사회문제 해결이라는 사회적 측면에 두는지에 따라 서로 분할된다.

창조적 장인의 비판적 제작 활동

마지막으로, 대안적이고 대항적인 관점에서 메이커 운동의 의미를 모색해보는 담론이 있다. '창조적 장인'으로 표상할 수 있는 대안적인 담론은 주로 손노동의 가치와 공동체적 가치의 회복이라는 윤리적 가능성을 주요 논점으로 삼는다. 또한 '크리티컬 메이킹critical making'[25]으로 표상할 수 있는 대항적인 담론은 주로 기존의 기술구조에 개입할 기술정치적 가능성을 주요 논점으로 삼는다. 이 담론은 주로 자발적으로 제작 활동을 하는 주체들에 의해 생산되었다.

직접 무언가를 제작하는 행위 자체에 주목해 손노동의 가치를 문화예술적 실천 차원에서 재조명하는 흐름이 있다.[26] 직접 만드는 행위를 통해서 회복하는 것은 손노동의 가치만이 아니라 협력과 공동체 경험이며 이는 문화적으로 확산되어야 할 문화운동의 과제이다. 메이커 운동을 통해 창의성, 손노동, 공동체성 등의 가치를 주목하려는 담론은 자본주의가 낳은 소비주의적 삶이 아닌 직접 만들어내는 대안적인 삶이나 자립의 전략과 연결된다.[27] 또한 〈소비자에서 메이커와 창작자로의 전환을 요구하는 시대〉라는 대안적 제작 문화 포럼의 내용은 이런 문화운동적 성격을 잘 보여준다. 이런 일련의 논의는 직접 만드는 행위 자체에 주목한다. 즉 제작 행위가 갖는 인간적·사회적 가치에 주목해 소비문화를 벗어나 직접 창조하고 자립해가는 주체성과 삶에 대해 논의한다. 이 과정에서 메이커 운동에서 창조성이나 공동체 결속의 측면을 논의했던 부분이 부각된다.

또한 기존 기술에 대한 '비판적' 관점으로 메이커 운동을 전유하려는 담론적 개입도 있다.[28] 특히 청개구리제작소는 메이커 운동이 확산되기 이전부터 해커 문화의 가치를 바탕으로 제작 문화의 문화정치적 가능성을 고민했다.[29] 이 담론은 메이커 운동의 경제적 가치나 사회적 가치를 강조하는 것과는 이질적인 성격을 지닌다. 주로 정보기술 운동의 맥락이나 해커 문화의 유산을 통한 기술정치적 차원에서 제작 행위를 통한 사물과 데이터들의 기술적 구조를 재배치하는 과정에 주목하고 있기 때문이다.[30] 암흑상자로 표상되었던 기술의 구조와 지배적인 작동원리에 개인들이 직접 개입해 대안적인 알고리즘을 만드는 기술이 중요한 과제가 되는 것이다. 또한 제작 활동을 "잃어버린 문명의 감각을 회복하는 행위"[31]로 메이커 문화를 정의하고, 기술 과잉 시대에 암흑상자로서의 기술을 역설계할 새로운 대항기술의 가능성으로서 '비판적' 메이커 문화를 재의미화한다. 이는 앞서 말한 것과 같은 맥락에서 지배적 기술의 '역설계'로 메이커 활동의 비판적 전략을 수립하는 것이다.[32] 대항적인 담론은 메이커 운동이 전제하고 있는 '생산도구의 민주화'와 부분적으로 공명하지만, 이를 기반으로 한 창업과 산업구조의 변화가 아닌 기술의 정치적 가능성에 주목한다.

대안적이고 대항적인 의미를 갖는 메이커 운동 담론은 직접 메이커 활동에 참여하는 주체들이 생산해낸 담론으로 경제주의적 관점의 메이커 운동을 비판한다. 또한 이런 담론은 메이커 운동을 통한 인간적 가치와 공동체적 가치를 중시하지만 사회혁신형 메이커 운동과도 차별점이 있다. 디지털 사회혁신으로서 메이커 운동이 특정 도시에서 발생하는 사회문제를 디지털 기술을 활용해 해결하려고 한다면, 창조적 장인으로서 메이커를 의미화하는 담론은 인간적 가치와 윤리적 가치 회복에 더 중심을 두기 때문이다. 또한 기술적 문제에 비판적으로 개입하려는 담론은 지배적인 기술구조에 개입할 가능성 차원에 더 관심을 두고 있다. 이 지점에서 대안적이고 대항적인 메이커 운동 담론은 디지털 기술을 통한 사회적 문제 해결이라는 사명보다는 오히려 적정기술이라는 윤리적 실천과 기술민주주의라는 기술정치적 과제와 접점을 갖는다.

메이커 운동의 이데올로기와 그 함의

1990년대 한국 정부는 정보통신기술의 발전을 전면적으로 수용했고, 국가경쟁력 강화를 위해 '정보화사회'를 국정 핵심 목표로 설정해 정보통신산업을 '지식기반산업'으로 바꿨다. 이 과정에서 정부는 정보통신 분야의 창업을 진흥하기 위해 벤처기업을 육성하려는 경제정책을 시행했다. 당시 벤처 이데올로기는 한국적 맥락에서 민족주의적 함의를 가지면서 전개되었고,

한편으로는 무한경쟁에서 살아남을 개혁적 전략으로, 다른 한편으로는 신자유주의적 유토피아를 실현할 기제로 기능했다.[33] 이런 역사적 맥락 이후 설립된 미래창조과학부는 글로벌 창조경제 담론과의 관계 속에서 1990년대 '신경제' 이후 쇠락하고 있는 정보통신산업 분야를 재편하기 위해 구축한 새로운 제도적 기반이다.[34] 이 미래창조과학부는 창조경제 또는 4차 산업혁명이라는 거대 담론의 하나의 실천 사례로 기술혁신을 통한 창업 모델인 메이커 운동을 장려하고자 각종 이데올로기적 전략을 펼친다.

메이커 운동에 대한 담론은 디지털 기술혁신에 따른 산업구조의 변동과 미래 사회의 변화를 논의한다. 미래학적 함의를 지닌 논의들은 정보통신기술 발달에 따른 정보화사회의 출현을 주장한 미국 사회학자 대니얼 벨Daniel Bell의 '탈산업사회론'이나 미래학자 앨빈 토플러Alvin Toffler의 '제3의 물결'이 대표적이다. 또한 기후변화 위기를 극복하기 위해 사물인터넷과 공유경제에 기반한 수평적 네트워크의 공유사회 도래를 주장한 제러미 리프킨의 미래학적 주장도 있다.[35] 이 논점은 생태적 위기 극복이라는 중요한 과제를 다루기에 시의성을 갖지만, 사회에 대한 면밀한 분석보다는 기술혁신을 중심에 놓고 미래 사회를 예견한다는 점에서 한계를 갖는다. 이와 같은 기술혁신으로 인한 미래학적 논의는 기술과 사회의 관계에서 기술결정론적 관점을 전제로 해 기술의 발전과 혁신이 사회를 어떻게 변화시킬 것인가에 초점을 맞춘다.[36] 미래학적 담론의 연장에서 논의되는 메이커 운동도 마찬가지로 디지털 기술의 혁신에서 비롯된 메이커 되기와 산업혁명을 논의한다는 점에서 기술혁신에 대한 이데올로기적 함의를 담고 있다.

이처럼 메이커 운동이 형성한 지식 담론은 경영학적 지식과 미래학적 지식이 상동성을 갖고 전개되며, 메이커 주체와의 문제, 산업구조 혁명의 문제에서 신자유주의적 경영 이데올로기와 기술혁신의 이데올로기가 혼재되어 쟁점으로 드러난다. 이 둘은 글로벌한 신자유주의의 위기와 저성장이라는 맥락에서 상호 결합된 '기술혁신경영 이데올로기'로 등장해 수사학적 전략을 펼치고 있다. 하지만 기존의 기술혁신경영이 주로 산업구조의 변동에 초점을 맞춘 논의였다면, 메이커 운동에서는 이 논의가 신자유주의적 경영 이데올로기와 접합되면서 기술혁신을 통한 개인들을 기술혁신의 주체로 호명하는 방식으로 전개되고 있다.[37] 나아가 4차 산업혁명 담론이 점차 확산되는 국면에서 산업구조 혁명과 기술혁신의 주체로 메이커 주체에 대한 관심이 더욱 대두될 전망이다. 이때 기술혁신경영 이데올로기는 중요한 쟁점이다.

메이커 운동 담론이 가정하는 인간학적 주체 설정은 제작하는 인간인 호모파베르이다. 인간은 제작하는 본성을 갖고 있기 때문에, 웹이나 메이커스페이스를 통해 온라인과 오프라인으로 생산도구가 민주화된 현 상황에서 그 본성을 발휘해 발명가가 될 수 있다는 것이다. 하지만 '메이커 되기'가 전제하는 발명가적 주체는 곧장 기업가적 주체로 환원된다. "발명가가 곧 기업가인 시대"이기 때문이다. '기업가적 주체'에 대한 강조는 자본주의의 위기 국면에서 경제적 질서를 유지하고 재생산하기 위한 통치 전략인 신자유주의적 주체화 형식이다.[38] 주류의 메이커 운동 담론이 상정하고 있는 메이커들은 자신이 만들고 싶은 물건을 스스로 설계하고, 크라우드 펀딩으로 자본을 조달해 상품으로 만들어 온라인과 오프라인으로 파는 행위하는 사람이다. 즉 스스로 기업가가 되어 자기 취향에 근거해 상품으로 만들고 시장에서 파는 1인 디지털 제조업자이다. 따라서 메이커 운동이 가정하는 '호모파베르'라는 전제는 사회적 맥락에서 '호모에코노미쿠스Homo Economicus, 경제적 인간'라는 신자유주의적 인간학에 근거한다. 이 경제적 행위자는 18세기 이래 자유주의적 사상을 관통해온 "이해관계의 치환불가능하고 환원불가능한 원자"[39]로 신자유주의적 통치 질서에서 핵심적 구성 요소를 이루는 이론적 전제이다. 이런 점에서 메이커 운동 담론이 지속적으로 주장하는 '메이커 되기'는 '기업가 되기'와 동일한 함의를 지니며, 이런 경영 이데올로기적 함의는 제작 행위를 시장 질서 안에서의 경제 행위로 구속시켜버린다.

하지만 경제적 주체로서 메이커를 상정하는 이데올로기적 수사 외에도 사회적 주체로서 메이커의 역할을 제시하는 흐름이 있다. 앞서 살펴봤듯 사회문제를 시민들이 직접 발견하고 기술을 통해 해결해가는 주체로서 메이커를 지목하는 것이다. 시민을 사회혁신의 주체로, 즉 사회문제를 해결해나가는 혁신가로 호출하는 과정은 시민성에 대한 새로운 이미지를 부여하고 이를 실행하는 각종 프로그램을 통해 새로운 시민을 주조해내려는 기획과 맞물린다.[40] 특히 디지털 사회혁신은 시민들이 자발적으로 참여해 공동체의 문제를 발견하고 이를 기술적인 방식으로 해결해나가도록 부추긴다는 점이다. 이런 서울시의 사회문제 해결형 메이커 운동은 사회적으로 발생하는 문제를 신자유주의 위기관리 측면에서 대안으로 선택됐던 사회

자본이나 사회적 경제와 같이 '사회적인 것'이 부각되는 맥락에서 시민들의 자발적인 참여나 사회적 관계를 통해서 '부드럽게' 해결하고자 한다.[41] 이는 메이커 주체가 기술경영 이데올로기만이 아니라 동시대 대항 이데올로기처럼 기능하는 사회혁신 이데올로기와도 접합되었다는 점을 드러낸다.[42]

지금까지 메이커 운동 담론의 사회적 실천의 차원을 검토하며 비판적인 지점을 살폈다. 메이커 운동 담론들이 서로 뒤엉키면서 새로운 지식 담론을 구축하는 과정에서, 기존의 다양한 이론적 지식들과 맞물려 기존의 이데올로기를 조합하고 변형시키면서 재생산하고 있다. 즉 신자유주의적 경영 이데올로기와 미래학의 기술혁신 이데올로기가 혼재되어 기술혁신경영 이데올로기라고 할 수 있는 지점의 지식 체계를 만들어내고 있다. 하지만 기존의 기술혁신경영이 산업구조적인 변화를 지시하는 반면, 메이커 운동에서는 기술 주체의 차원에서 작동한다. 이는 '메이커'가 기술혁신경영의 주체임을 보여준다. 또한 사회문제 해결형 메이커 운동은 '사회적인 것'을 통해 위기를 관리하는 차원에서 각종 사회문제를 자발적인 시민성을 통해 해결하려는 태도이다.

4차 산업혁명이라는 유령과 메이커 문화

이렇게 본다면, 메이커 그리고 메이커 운동은 그 이름만으로 새로운 무엇으로 다가올 수 있으나 전적으로 새로운 것은 아니다. 한편으로는 기술혁신을 근간으로 한 산업구조의 변동을 노리는 4차 산업혁명이 전 지구적 경제위기를 극복하기 위한 경제적 가상으로 제시되었다면, 다른 한편으로는 신자유주의의 위기를 시민성의 윤리나 공동체적 관계를 통해 극복하려는 사회적 경제 운동이 진행되고 있는 상황이다. 이 과정에서 기술 혁신과 사회적 결속을 동시에 전제하는 메이커 운동은 다가올 시대의 문화적 형식으로 계속해서 화두에 오를 것이다.

이런 점은 주체의 차원에서도 마찬가지다. 메이커 운동 담론은 적대 없는 균일하고 동질한 주체들로 이루어진 미래 사회를 예견하고 있다. 메이커를 경제적 주체로 상정하는 메이커 창업 담론은 개개인을 산업혁명의 주체로서 호명한다. 그리고 메이커 활동을 통해 사회적 문제들을 해결하려는 흐름은 이질적인 주체들을 자발적인 시민 주체로 호명한다. 하지만 현실에서 전개되고 있는 변화의 흐름을 고려하면 실제 사회구조와 주체의 동학은 이렇듯 간단하지는 않을 것이다.

따라서 다양한 사회적 이해관계에 따라 제작 문화가 메이커 운동으로 포착되어 전개되고 있는 현실에 이론적이고 실천적으로 개입하기 위해서는 이런 복잡한 정세를 고려해야 한다. 특히 메이커 운동 담론이 점점 확산되고 있는 4차 산업혁명 담론의 하위 영역으로 기능하는 현실에서, 사회구조적 변동과 주체 형성의 상호작용의 상황을 역사적이고 경험적인 차원에서 세밀하게 분석하는 작업이 필요하다. 메이커 문화가 다양한 세력이 경합하는 갈등과 투쟁의 장이라는 점은 이런 분석을 위한 작은 출발점이 될 것이다.

자본의 메이커 문화 속 어소시에이션 상상하기[1]

신현우

디지털 문화연구자

4차 산업혁명과 자본주의 축적 양식의 전환

2016년 다보스의 세계경제포럼을 뜨겁게 달군 주제는 '4차 산업혁명'이었다. 4차 산업혁명의 키워드는 인공지능, 빅데이터, 사물인터넷, 3D프린터 등 사이버네틱스cybernetics와 정보기술에 따른 제조업의 전면적인 혁신이다. 이것은 사물을 자동적·지능적으로 제어하는 사이버 피지컬Cyber Physical 시스템의 구축과 정보기술 발달로 전 세계가 자유롭게 소통하는 국면에서 자본과 노동의 첨예한 갈등과 함께 나타난다. 포럼 참가자들의 공통된 의견은, 4차 산업혁명이 노동과 자본 시장의 거대한 전환을 추동하는데, 현재 징후를 보이는 단순 사무직, 비숙련 육체노동의 종말에서 비롯된 일자리와 부의 양극화는 빙산의 일각일 정도로 큰 변화가 도래한다는 것이다. 다보스 리포트에 따르면 향후 5년간 500만 명의 실업자가 발생하며, 이는 단기적 실업이 아닌 구조적·항구적 실업이다.[2] 자동화, 인공지능, 로봇, 유전공학 등의 기술적 혁신으로 인해 2020년까지 15개국에서 700만 개의 일자리가 사라질 것이며, 사무직과 행정직의 3분의 2가 없어질 것으로 전망된다.[3]

한편 제러미 리프킨은 "IT와 전산화, 자동화, 빅데이터, 알고리즘 그리고 인공지능은 점점 사물인터넷에 내포되며 여러 다양한 재화와 서비스의 생산 및 유통에 드는 노동 한계비용을 제로 수준으로 빠르게 낮추고 있다. (……) 지능형 과학기술이 안겨주는 생산성 증진으로 인간 노동의 수요가 계속 줄어들며 (……) 생산성이 고용을 촉진하는 것이 아니라 제거하고 있다."고 전 지구적 정치·경제 상황을 진단했다. 또한 "2003년 1억

6,300만 개의 일자리를 제공하던 공장이 2040년이면 단지 몇 백만 개의 일자리만 제공할 공산이 크며, 무인차량이 도입되면 미국의 270만 명의 트럭 운전자가 점진적으로 대체될 것."이라고 전망했다.[4] 리프킨에 따르면 생산수단이 고도로 자동화되면서 점점 상품에 인간 노동이 투여되는 양은 줄어들고 질적으로도 노동으로부터 이탈하게 되는데, 이는 상품에 들어가는 한계비용이 점차 제로Zero에 수렴하게 됨을 의미한다. 다시 말해 제조업에서의 단가 절감을 향한 자동화기술의 혁신과 그에 따른 산노동 비중의 질적·양적 저하로 자본의 유기적 구성이 강화될수록, 상품이 가치 실현을 할 가능성은 반비례해 떨어지고 마는 것이다.[5]

다보스 리포트에서도 확인했듯이 지금의 장기적인 불황은 주기적으로 도래하는 불경기 수준이 아니다. 착취에 기반한 기존의 생산관계는 이제 노동 자체의 추방으로 이어진다. 한계비용 제로인 상품은 궁극적으로는 실업으로 임금을 받을 수 없게 된 인간들의 소비회로로 들어가지 못하고 과잉생산 혹은 이윤율 저하의 소용돌이로 내몰리게 될 것이다. 이미 2008년 미국의 서브프라임 모기지Subprime Mortgage 사태로 신자유주의가 균열된 이래 지속된 저성장과 실업 상태는 개선되지 않는 고질병이 되었다.

이런 상황 속에서 결국 도돌이표처럼 '생산'에 관한 의문은 마르크스가 분석했던 시대를 다시금 상기할 수밖에 없게 한다. 산노동이 사라진 자리를 정보기술과 결합한 기계들의 네트워크가 담당하면서 잉여노동이 사라지고, 생산관계에서 튕겨나간 사람들은 유용한 물건을 만들기 위해 '생존을 위한' 필요노동을 다시금 재설계하도록 요청받게 된 것이다. 한계비용 제로의 상품을 생산한다고 해서 자본가들이 그것을 사람들의 손에 공짜로 쥐여줄 리는 만무하기 때문이다. '메이커'란 이름의 유령이 배회하기 시작한 것도 이런 전후 맥락 속에서이다.[6] 메이커는 단순히 기이한 물건을 만들어 가지고 노는 창고의 외골수적 괴짜Geek의 개념을 넘어 "인간의 본성으로서 만드는 활동"을 통해 "다가올 산업혁명을 주도, 제조업에서 제작과 판매의 디지털 혁신을 이끄는 기수이자 새로운 수요를 만드는 사람들"을 칭한다. 미국에서는 오바마 대통령이 "Today's D.I.Y. is Tomorrow's Made in America(오늘의 D.I.Y는 내일의 메이드 인 아메리카가 될 것)."라고 선언한 뒤로 각 주 정부는 최근 공립 도서관과 학교 등 공공기관에 3D프린터와 레이저커터 등을 갖춘 '메이커스페이스'를 만들었다. 이처럼 시민이 주체가 되는 스템STEM 교육을 강화하는 한편, 제조업혁신이 가져올 자본주의 경제의 미래를 다각적으로 모색하고 있다.[6]

한국에서도 '제조업혁신'이란 구호 아래 미래창조과학부를 중심으로 정부 주도의 메이커 사업이 시작되었다. 2013년 국립과천과학관의 '무한상상실' 1호를 필두로 약 138여 곳의 메이커스페이스가 전국 과학관, 도서관, 주민센터 등에 만들어졌다. 더불어 창조경제타운, 창조경제혁신센터 등 플랫폼을 중심으로 지역의 메이커 역량을 강화하는 계획이 수립되면서 한국에서도 관 주도의 메이커 운동이 확산되고 있다.

이런 맥락에서 보면 1960년대 서구 사회에서 풀뿌리 시민운동이자 기술저항으로 출발했던 DIY 운동과 1970년대 이후의 해커 행동주의Hacktivism 등이 2010년대 신자유주의 끝자락,

지구 경제의 구도 안에서 다시 한번 '메이커'로 첨예하게 재요청되는 이유를 이해할 수 있다. 특히 '2015 창조경제 박람회'나 '2016 메이커 페어' 등에서 보듯이 국내 메이커 개념은 운동이나 현실 개입이라기보다는 여전히 정부 주도 일자리 사업에 더 무게중심이 맞춰져 있다.[8] 청년 스타트업, 창업 등 주로 기술 활용론적 일자리 정책과 결부한 한국 메이커 문화의 확산은 DIY 운동을 역사적으로 계승하거나 기술사회에 대한 비판적 성찰과는 거리가 멀다. 이제까지 논의를 간단히 살펴보면 크게 세 가지 맥락에서 메이커의 의미가 생성되었다고 볼 수 있다. 먼저 생산 영역에서 더욱 심화된 자동화로 촉발된 자본주의 이윤율 저하, 둘째로 생산양식의 전환, 즉 제조업혁신 필요에 따른 메이커 운동의 지구적 활성화이다. 마지막으로 생산수단의 미시화와 수작업화3D프린터, 레이저커터 등에 따라, 과거의 공장제 대량 생산이 아닌 개인 혹은 개인들의 협업으로 이루어진 소량 생산이 대두되는 방식으로 메이커가 전개되고 있다는 점이다.

그 기저에 있는 역학은 복잡해 보이지만 명확한 명제가 도사리고 있다. 자본과 테크노크라트technocrat, 기술 관료는 기업이 기술을 독점하고 대량 생산을 통해 시장경제를 팽창시키면서, 노동유연성 강화로 가치율을 높이는 방법이 더 이상 통하지 않는다는 사실을 진작 깨달았다. 그들은 이제 가진 것은 몸뚱이뿐인 각 개인이 테크놀로지를 공유하고, 각자가 기발한 아이디어를 내서 상품을 직접 만들기를 원한다. 생산의 일꾼에서 소비자로, 소비자에서 프로슈머로, 프로슈머에서 나아가 이제 주체를 '메이커'로 소환하려는 것이다.

DIY, 해킹, 메이킹의 간략한 역사

메이커의 부상을 살펴보기 위해서는 반세기 이전부터 진행되어왔던 자가제작 곧 DIY 문화의 궤적을 알아볼 필요가 있다. 이는 크리스 앤더슨이나 마크 해치와 같이 시장주의에 기댄 개척자 정신으로 메이커 문화를 추동하는 이들을 비판하는 시각에서 나온 것이다.[9] 현재 메이커스페이스나 메이커는 사실상 특권적 취미활동가들이 독점하고 있으며, 주로 기업적 이해와 연결되어 있기 때문에 아직은 '혁명'이라고 부르기엔 소박하다. 물건을 구상하고, 제작 과정을 체화하고, 시행착오 끝에 처음부터 끝까지 자신의 노동이 투여된 상품을 만들어내는 행위에 의미를 부여한 것은 서구의 DIY 문화에서 기원을 찾을 수 있다. 정치운동으로서 DIY는 1960-1970년대의 반소비주의, 반기업주의, 환경주의, 뉴에이지, 자립운동, 자기실현, 생활 속 실천의 가치들을 내재했다.[10] 산업사회에 독점적이었던 생산과정의 민주화는 정치적으로 메이킹, 해킹, DIY 문화를 추동했고 이는 행동주의와 실천 속에서 드러났다.[11] DIY는 스스로의 노동으로 물건을 만들거나 삶의 질을 향상하는 취미 활동을 넘어서 행동주의, 즉 시민운동의 개념으로 1960년대 영국과 미국을 중심으로 퍼지기 시작했다. 이는 전적으로 1960년대 서구에 충만했던 저항 문화의 맥락과 공명하면서 각 개인의 삶을 바꿔놓는 방식으로 나아갔다.

> 우리의 교육 시스템은 전체적으로 어떤 종류의 물질적
> 역량도 제공하지 못한다. 달리 말해 우리는 어떻게 요리하고

옷을 만들고, 집을 짓고, 사랑을 나누는지 삶의 기본적인
요소들을 전혀 배우지 못한다는 뜻이다. 학교에서 아이들이
배우는 것들은 단지 추상화된 용어들에 불과하다. 이를 통해
다들 보험 판매원이나 공무원 등 특정한 종류의 이지적
인간만이 되고 있는 것이다.[12]

DIY에 관련된 활동은 가구제작, 배관, 자동차·선박·항공기 수리, 자가 출판, 자가 음반제작, 자가 디자인, 각종 수공예, 해킹, 집안 공사 등 실로 다양한 삶의 지속 가능성 영역을 망라한다. 이런 DIY 활동은 각 개인에 의한 사적 영역들에 대한 물질적 조건의 개선을 넘어 공동체 차원의 연대를 통해 이루어졌으며, '풀뿌리 정치 행동주의Grassroots Political Activism'로 이어졌다. DIY 문화는 "상호부조, 협력, 예술의 비상업화Non-Commodification, 디지털 커뮤니케이션 기술의 전유, 바이오디젤Biodiesel의 경제를 만드는" 동력이 됐다.[13] 다시 말해 "누군가에게 자신의 문제를 돈 주고 해결하게끔 하는 생각을 거부하는 것"[14]에서 시작한 DIY의 개념은 본질적으로 '필요노동을 임금노동으로 포섭하는' 잉여가치 축적의 경제로부터 탈피를 전제한다고 가정할 수 있다.

실제로 메이커의 전통이 다양한 형식의 반자본주의 저항 운동으로 나타난 것은 놀랄 일이 아니다. 1970년대 유럽을 풍미한 스쾃Squat, 무단점거 운동, 코뮌Commune 운동을 통해 런던의 코뮌 거주자들은 윈저 프리 페스티벌Windsor Free Festival을 3년 동안 불법적으로 개최했으며, 수천 명의 히피와 운동가들이 몰려들었다. 1980년대 영국에서는 이런 경험을 토대로 뉴에이지 여행자New Age Travellers 운동이 성장해 많은 이들이 뉴에이지와 히

피의 사상을 따라 음악 페스티벌을 찾아 나섰고, 이를 통해 삶의 모든 물적 조건, 예컨대 집과 이동수단, 옷, 가재, 공동체 등을 스스로 재조직하면서 DIY 문화가 자생적으로 생성·전파되기도 했다. 프랑스에서 68혁명이 한창이던 시절에는, 스튜어트 브랜드Stewart Brand의 주도로 DIY 잡지 《전 지구 카탈로그Whole Earth Catalog》가 창간되었고 이는 나중에 수많은 저항 문화 운동과 커뮤니티 형성의 포석이 되었다.[15] 그 외에 1980년대 미국에서 시작된 레이브뮤직Rave music, 토지의 소유권을 되돌려놓기 위한 영국의 더 랜드 이스 아워스The land is ours 운동과 DIY 펑크 운동 등의 사례에서도 DIY 운동의 역사는 예술, 정치, 집회, 축제와 직간접적으로 연루되었다고 볼 수 있다. 이는 자본주의의 스펙터클이 자아내는 시공간을 파괴해 개인들의 일상을 예술과 기술의 기획으로 뒤덮어야 한다는 상황주의자들의 전술과도 교집합을 가지는 영역이었다. 프랑스 철학자 앙리 르페브르Henri Lefebvre에 따르면 일상이란 자본주의에 의한 침투의 장소이지만, 다른 한편으로는 실천의 장소로서, 사회에 깊이 스며들어 있는 지배적 질서를 관찰할 수 있는 공간이자 그것을 전복시킬 힘이 배태된 공간이기 때문이다.[16] 한편 가사노동과 여성주의, 수공예와 행동주의가 결합한 수공예 행동주의Craftivism 또한 DIY 운동의 중요한 축을 형성한다. 이의 대두로 뜨개질과 의복 제작, 수공예 노동을 전유하는 반자본주의적 행동주의는 현재진행형으로 전개되고 있다. 정보기술과 결합한 DIY는 1970년대 개인용 컴퓨터Personal Computer, PC의 보급에 따라 발생한 해커 행동주의 전통에서 어노니머스Anonymous, 에드워드 스노든Edward Snowden을 둘러싼 해커들의 지구적 네트워크, 리눅스와 리처드 스톨먼Richard Stallman의 자유·오픈소스 소프트웨어 운동, 카피레프트copyleft, 오늘날의 코드메이킹과 오픈소스 하드웨어(아두이노, 라즈베리파이 개발 및 유통) 이슈 등 컴퓨팅의 영역에까지 그 역사적 맥락이 이어지고 있다. 핵물리학자였던 윌리엄 히긴보덤William Higinbotham이 핵프로그램 연구소의 컴퓨터 디스플레이 장비였던 오실로스코프Osilloscope를 개조해 만든 최초의 컴퓨터게임 〈테니스 포 투Tennis for Two, 1958〉와 MIT 학생 스티브 러셀Steve Russell이 국방용 컴퓨터 PDP-1에서 제작한 게임 〈스페이스 워!Space War, 1962〉 등은 '유희적 제작'으로서 해킹의 윤리가 공유·평화·반전이라는 가치의 시발점이 된 좋은 예이다. 특히 〈스페이스 워!〉는 상업적인 용도로 활용되거나 특허가 등록되지 않은 최초의 오픈소스 소프트웨어로, 오픈소스와 해킹 이념의 기원으로 지금까지도 전해진다.

서구 사회의 메이커 운동은 이렇듯 단순히 기발한 물건을 만들어내는 사람이 아니라, 영국 미디어학자 존 하틀리John Hartley에 따르면 "물질의 정체성과 개별성을 만들어내는 사람들"로서 "시민권을 만들어내는 주체"로 그 개념을 확장해왔다. 캐나다 토론토대학 교수 매트 라토Matt Ratto와 메건 볼러Megan Boler 또한 DIY에 시민권과 프랑스 철학자 자크 랑시에르Jacques Ranciere의 미학의 정치 개념을 부여해 자본주의 생산에 대한 "불찬성Disagreement으로서 시민 스스로의 주권으로 감각의 세계를 만들어내는 것"으로 본다. 다시 말해 "몫이 없는 자들이나 들리지 않는 자들Unheard의 정치적 목소리가 DIY를 통해 들리는 것Heard 혹은 감각할 수 있는 것Sensible으로 이행되는" 정치적 행위로 파악한다. 이런 설명은 한국 사회에서 기업가 정신을 내세워 창업 주체로서 청년을 소환하거나 '세운상가 키드'들이 1980년대 한국 전자제품 제조의 메카였던 세운상가를 대상화된 '메이커 공간'으로 재생하는 사업 등을 통해 연속적인 역사성을 부여하려는 노력에 대한 비판적 시사점을 제공한다. 왜냐하면 한국에서 최근 '장인'으로 재조명되는 주체들, 예컨대 세운상가, 청계천의 기술자나 상인들은 대부분 국가에 의해 추동된 근대화 프로젝트 속에서 "장인이라기보다 상인, 기술자, 종업원으로 호명"되었기 때문이다.[17] 한국에서 이른바 '메이커' 개념에 비슷하거나 오늘날 서구의 메이커 담론에 기반해 '장인'으로 재조명되는 이들의 정체성은 사실상 '영세한 상인'으로서 하루 생활 속에서 생존을 위해 자신의 재주를 판매하는 사람에 더 가까운 것이다. 미국 사회학자 리처드 세넷Richard Sennett에 따르면, "장인은 단순한 기술자를 넘어서 문명을 일으키는 주인공이며, 도구들을 공동체를 이롭게 하는 일에 쓰는 사람들"이라 할 수 있다. 장인정신은 "면면히 이어지는 인간의 기본적 충동이며, 일 자체를 잘해내려는 욕구"로서 오늘날 사라진 것이 아니라 다양한 영역에서 잔존하거나 대두되고 있다.[18] 세넷의 정의를 따르자면, 우리는 장인의 개념을 목수나 도공의 적정기술에서 리눅스, 오픈소스와 코드메이킹 등 디지털 영역으로 확장할 수 있을 것이다. 더 거슬러 올라가 마르크스는 『독일 이데올로기』에서 기계제 대량 생산의 분업으로 인한 노동의 소외 속에서 도태된 장인의 노동을 물건의 원료에서 형태에 이르기까지 모든 기능에 숙달하는 작업의 과정이자, 제한적이나마 예술의 의미에까지 도달할 수 있는 경지로 분석한다.[19]

노동 분업을 통한 인격적 힘(관계)의 물질적 힘으로의
전환은 (……) 오직 각 사람이 이들 물질적 힘을 다시금
자신들 아래 굴복시키고 그 노동 분업을 폐지함에 의해서만
없어질 수 있다. 이는 공동체 없이는 불가능하다. 공동체
내에서만 비로소 각 사람은 자신의 재능을 모든 방면에
걸쳐 전면적으로 발휘하는 수단을 갖게 된다. 따라서 공동체
내에서만 비로소 인격적 자유가 가능해진다.

"모든 방면에 걸친 인간 개인 능력의 전면적 발달"이라는 마르
크스의 언급은, 기본적으로 기계제 대량 생산 경제가 발생시키
는 노동의 분업과 그에 따른 생산과정에서 개인의 기능 골절을
지적한다. 그리고 이것이 야기하는 경쟁의 일반화와 이에 동반
되는 공동체의 파괴 등 자본주의 문명이 해체한 '사회적 실천
및 노동' 주체로서의 인간을 재요청하는 것이면서 인간을 사회
적 관계의 총체로 재조명하기 위한 것이었다. 특히 마르크스가
장인의 노동을 예술의 가능성과 결부시키며 공동체 안에서 '개
인 능력의 전면적 발달'과 연계해 서술한 점은 오늘날 '메이커'
의 사회적 성격을 재조명하는 데 시사하는 바가 크다.[20] 세넷
또한 과거 길드의 구성원 간에 형성되어 있던 강력한 공동체
의식에 주목하면서 장인 개인의 초월적 능력보다는 네트워크
와 유대, 품질을 유지하려는 윤리의식 등 장인의 사회적 측면
을 이야기했다.
　　이런 분석을 토대로, 일상에서 암묵지적 상상력에 기반한
창의적 만들기를 실천하는[21] '땜장이tinkerer'에서 메이커의 개념
적 기반을 찾는 서구 메이커 담론이나 생산관계에 종속된 노동

분업을 거부하는 DIY를 일상에서 실천한 서구 행동주의의 역사를 볼 때, 현재 국내에서 형성되고 있는 메이커 담론과 인식론적 차이가 크다는 사실을 확인할 수 있다. '창고에 틀어박힌 외골수'가 만들던 물건이 거대 다국적기업의 상품이 되는 신화를 청년들이 더 이상 믿지 않기 시작한 것도 꽤 오랜 시간이 흘렀다. 창의적 아이디어를 창업으로 연결시킨 1인 스타트업을 지원하는 기업주의적 접근은 다가올 제조업 전환의 시대에 전혀 도움이 되지 않는다.

오늘날의 '메이커'는 앞서 언급된 서구의 역사적 실천과 이론들을 점검하면서 디지털 제작기술·공유 문화의 네트워크 속 시민운동의 맹아를 찾아가는 관점에서 접근해야 한다. 파편화된 개인들의 연대 가능성을 고찰하지 않으면 메이커 운동은 여전히 지지부진한 사회적 기업이나 협동조합 운동처럼 제자리걸음을 할 가능성이 높다. 따라서 "현재의 권력과 소비 중심의 삶의 위기를 넘어서고", 나아가 "자립문화를 활성화하는 가능성을 진단하는 것"으로서 메이커 문화에 '제작 행동주의 Maktivism'의 동력을 부여하고 임계점에 도달한 자본주의 경제에 대한 대안적 탐색을 수행해야 할 것이다.[22] 아울러 상품의 가치가 아닌 사용가치에 봉사하는 '손'의 제작, 즉 기계적 분업의 노동이 아닌 작업work-활동action의[23] 변증법적 쌍으로 제작 making을 재정의해야 한다. 이로써 '메이커' 주체에게서 유용한 물건을 생산하고 실천하는 과정에 내재된 '시민이 정당한 몫을 요구하는' 민주주의적 기획을 고찰할 때가 된 것이다.

한국에서의 메이커 담론-국가발전 산업모델

서구에서는 메이커 운동의 DIY 문화가 자본주의 생산 시스템에 대한 대항 이데올로기로 첨예한 의미 투쟁을 벌여왔다. 이와 달리 한국에서는 전 지구적으로 제조업이 몰락하는 2010년 이후부터 메이커 문화가 '창조경제-제조업혁신'이라는 키워드를 동반하며 급작스레 나타난 경향이 있다. 서구의 DIY 운동이 소비사회라는 맥락 속에서 펼쳐진 문화적 저항운동의 성격을 띤 반면, 군사독재 아래 국가발전 산업모델을 지향하던 한국 사회에서는 대중문화 소비 자체가 반문화적으로 규정되거나 국가에 종속된 측면이 강했다.[24] 따라서 한국에서 DIY의 대항 이데올로기의 공백은 그 동력이 부재했다기보다는 국가발전주의 프로그램하에서 소비문화 자체가 이에 도구적으로 종속되는 국내 요인과 결부하여 생각해보지 않으면 안 된다.

국가발전 산업모델은 '87년 체제' 이후 본격화된 신자유주의 경제 프로그램하에서도 계속 그 명목을 유지해왔다. 큰 틀에서 보면 문민정부김영삼 정부에서 1994년 문화체육부에 문화산업국을 신설해 문화산업을 체계적으로 제도화하기 시작한 것이나 국민의 정부김대중 정부에서 정보화 촉진을 100대 국정과제로 내걸고 전국적인 IT 기반 인프라망 구축, IT 벤처기업 경제를 활성화시킨 것, 참여정부노무현 정부에서 지역 간 문화격차 해소와 아시아 문화중심도시 종합계획을 수립해 '한류'의 세계화를 추동한 것 역시 국가발전 모델의 대표적 유산이라 할 수 있다. 이는 박근혜 정부에 등장했던 '창조경제' 담론과 그 연장선에서 청년창업, 스타트업, 기업의 생산혁신 등의 논리 근저에 국가발전 모델이 작동하며 문화의 도구적 이성화의 일환으로 이제 '메이커 문화'가 정책적 수사로 등장한 이유이기도 하다.

　미래창조과학부는 2014년 제1회 3D프린팅산업 발전협의회를 개최하고 '창의 메이커스 1,000만 명 양성 계획'과 '제조혁신지원센터 구축·운영 계획'을 발표해 박근혜 정부 초기부터 이어진 '창조경제-제조업혁신-메이커 운동'이라는 국가 주도형 연결고리 설정을 암시하기 시작했다. 2016년 9월 6일 국무회의에서는 본격적으로 「메이커 운동 활성화 추진계획」을 발표하며 "창조적 만들기 경험을 축적한 메이커는 스타트업으로 발전할 잠재력을 갖추고 있어, 메이커 운동이 확산되고 창조경제 플랫폼의 지원이 더해지면 우수한 제조 창업기업으로 탄생할 토양이 된다."고 전했다. 이 계획안은 '창조경제의 지속 가능성 확보'를 위해 메이커 운동 확산을 촉구하면서 "메이커 운동을 통해 전 국민이 창조경제를 실천함으로써 생활 속에 뿌리내리는 지속 가능한 창조경제 구현"하자는 목표를 첫 장에서부터 밝히고 있다. 그리고 국내 메이커 운동이 초기 단계에서 점차 성장하는 추세이지만 "'만들기'가 취미생활에 그쳐 '돈이 되는 활동'으로 발전하지 못하는 점"을 가장 큰 문제점으로 꼽으며 크라우드 펀딩을 통한 플랫폼 등록 지원, 판로 유통 지원, 나아가 지역 산업단지와 메이커를 연계해 기존 기업에 필요한 다양한 현안 과제, 예컨대 신제품 개발 및 시제품 제작을 지원하는 방안까지 제시한다. 또한 계획에는 전문 메이커 양성을 위한 전 국민 대상 교육프로그램이 포함되어 있다. 자유학기제와 연계한 학생 대상의 교육프로그램, 무한상상실 등 공공 메이커스페이스를 활용해 40개 기관 16개 과정으로 개설한 정규 교육프로그램, 직무 연관 메이커 교육과 같은 국비 지원 직장인 교육프로그램, 체계적인 메이커 교육 커리큘럼 등이 주요 골자로 들어가 있다.

「메이커 운동 활성화 추진계획」을 비롯한 정부 정책의 방향을 살펴보면, 국가 공무원들에게 메이커 문화에서 '문화'는 경제의 하위요소로 치부된다. 메이커 운동에서 '운동'은 행동주의 activism나 사회적 개입보다는 '새마을운동'과 같은 구호에 더 가깝다는 의혹을 떨치기 어렵다. 한국의 경제가 지구적 차원에서 새로운 국면을 맞이할 때마다 발전주의 담론의 수사는 변해왔다. 군부-신군부 산업자본주의 시기의 '근대화'에서 문민정부-참여정부 신자유주의 시기의 '세계화'로, 이명박 정부의 '선진화'에서 박근혜 정부의 창조경제 열풍과 더불어 '혁신'의 신화가 등장했다.[25] 모든 개인이 자신이 상상하거나 디자인한 물건을 만들 생산수단을 가질 수 있고, 이를 통해 얼마든지 공장 없이도 경제적 부를 형성할 수 있다는 미사여구는 얼핏 총천연색 비전으로 보인다.

하지만 사회 전체를 생산과 소비가 뒤엉킨 네트워크로 전화시키는 '사회적 공장social factory'[26]을 떠올리게 한다. 다시 말해 임금노동을 착취하는 산업자본주의에서 노동 유연성을 증대하는 신자유주의로의 이행, 4차 산업혁명과 생산 자동화·자율화를 매개한 노동의 종말 혹은 추방에 이르기까지 자본과 노동의 생산관계는 끊임없이 삶의 불안정성Precarity을 증대시키는 방향으로 나아가게 되는 것이다. 거칠게 표현하면, "정부와 기업은 더 이상 일자리를 만들 수 없으니, 이제 알아서 배우고 일자리를 만들라."는 자력갱생의 방임 선언 같은 것이라 할 수 있다.

테크노크라트와 자본가들은 벌써부터 불평불만을 늘어놓고 있다. 메이커 운동을 이렇게 관에서 앞장서서 하고 있는데 막상 메이커가 너무 없다는 것이다. 이유는 당연하다. 이런 국가발전 산업모델에 입각한 메이커 운동은 적어도 세 가지 문제점을 안고 있다. 첫째, 땜질이 가지고 있는 유희적 의미를 교환가치의 영역으로 끌어들여 상품으로 전화시키는 문제이다. '돈이 되지 않기 때문에 문제가 되는' 메이커들의 다양하고 기발한 물건들을 상품화한다는 것은 자본주의적 시장 질서 속으로 편입시킨다는 것을 의미한다. 잘 알려져 있듯이 자본주의적 시장은 제로섬게임zero-sum game의 법칙이 통용되어 경쟁에서 패배한 상품은 살아남을 수 없다. 누군가가 성공한다면, 누군가는 반드시 실패한다. 다시 말해 메이커 경제에서는 수백 명 규모의 기업이 1인 기업이 되고, 임금노동과 고용의 중요성이 상대적으로 줄었을 뿐 자본순환과 잉여가치 회전과 축적, 재생산이라는 자본의 역학 구조 자체는 바뀌지 않았다는 사실이다.

> "모든 이의 생산품이 성공하지는 않을 것입니다."라는 주의
> 문구는 그 어디에도 없다. 실패한 다수의 동료 시민에게
> 발생하는 생활안전 문제는 메이커 운동의 산업화 전략에
> 존재하지 않는다.[27]

또한 '청년 혁신 활동가'란 명칭은 청년들이 '노동자'가 아닌 사실상 상품 생산과 유통의 혁신에 가까운 '사회혁신'과 '활동가'라는 새로운 포맷으로 자본주의 내전에서 살아남아야 하는 이들을 호명하는 것에 지나지 않는다. 사회 변화를 위해 어떤 개

선보다는 노동을 다른 형식으로 미화하는 낭만으로 대체하며[28] 국가산업 발전을 위한 또 다른 주체가 될 뿐이다. 이는 재미삼아 이런저런 물건들을 만들며 땜질을 할 때 유적 존재類的 存在에 가까웠던 메이커를 더욱 소외시킨다.

둘째, 앞에서 언급했듯이 서구의 풀뿌리 DIY 운동은 '인간' '사물' '기술'이 가지고 있는 사회적 감각들을 복원하는 행동주의에 기반하고 있다. 그러나 제도화된 메이커 문화에는 이런 사회적 감각에 내재된 다양한 가치인 공유, 공동체, 증여, 선물, 인본주의가 사라진 대신에 교묘한 전유appropriation 전략으로 뒤바뀌어 있다. 국가 정책은 메이커들의 커뮤니티와 공유 네트워크를 확산시켜야 한다고 주장한다. 하지만 공유에 뒤따르는 다양한 정보재의 이슈, 예컨대 지식재산권, 플랫폼 독점, 데이터 축적 등[29]을 공유지의 개념으로 접근하는 비판적 통찰이 없다. 플랫폼에 의한 인클로저enclosure와 삶-활동 전유의 논리에 대한 이야기는 전무하며, 만들기 활동이 특정 플랫폼 때문에 정형화되거나 독점될 가능성 등에 대해선 그 누구도 언급하지 않고 있다.

셋째, 가장 기본적 문제인 더 나은 삶이나 더 나은 사회에 대한 전망이 부재하다. 메이커스페이스, 팹랩, 지역 거점, 지원 플랫폼이 미리 존재하고 이를 활용해 누구나 자신의 상품을 만들어 팔 수 있는 것처럼 선전하지만, 정작 삶의 질이나 행복 같은 가장 기본적 조건에 대한 기술이나 전망이 없다는 것은 중요한 문제이다.

마르크스는 '자유로운 개인들의 평등한 연합'이라는 코뮌주의 실현 과제 중 하나로 노동 분업의 폐지가 필수적이라고 주장한다.[30] 앞서 언급했듯이 그는 노동 분업을 통한 인격적 힘(관계)의 물질적 힘으로의 전환은, 그것에 관한 일반적 관념을 머릿속에서 몰아낸다고 없어지는 것이 아니라 "오직 각 사람이 이 물질적 힘을 다시금 자신들 아래 굴복시키고 그 노동 분업을 폐지함에 의해서만 없어질 수 있는 것"으로서 공동체 없이는 불가능하다고 말한다. 그런데 그 공동체는 우리가 흔히 지향하는 국가가 아니다. 민족국가는 마르크스에게 환상에 불과한 공동체이며, 나아가 "상상된 공동체"[31]이다. "참된 현실적인 공동체 속에서, 각 사람들은 그들의 어소시에이션association 속에서, 그 어소시에이션을 통해서만 자신의 자유를 획득하게 된다."[32] 이는 국가가 자본과 시장의 힘을 독점한 독특한 정치구조 속에서, 정부가 제조업혁신이라는 자본의 임무를 청년 혁신 활동가들에게 하청을 주는 방식으로 조성되는 메이커 문화의 현재 상황과는 다른 기획인 셈이다.

3D프린터와 레이저커터 등 공장에서나 가능했던 대량 생산 수단이 개별 가구로 들어오게 되면서 역설적으로 생산 수단에 대한 사적 소유의 철폐라는 마르크스적 지향의 토대가 준비된 것처럼 보인다.[33] 그러나 마르크스에게 사적 소유의 철폐는 "사회적 생산물을 취득하는 권한을 뺏는 것이 아니라, 이 취득에 의해 타인의 노동을 예속시키는 권한을 빼앗는 것"이다. 다시 말해 생산수단의 사적 소유, 사회적 필요노동시간인 임금에

기초해 유적 존재들 간 사회적 관계를 물적 관계로 대체시키는 소유관계에 따른 생산관계를 철폐하자는 것이지, 개인 소지품을 모두 국가나 당의 소유로 만들자는 것이 아니다. 이는 자본주의적 시장과 생산관계가 지배적이면서도 오픈소스 소프트웨어·하드웨어 등 개인이 유용한 생산수단을 손에 들 수 있게 된 오늘날의 상황에서 메이커 문화를 국가가 아닌 "개인들이 자신의 자유를 획득할 수 있는 참된 현실적 공동체인 어소시에이션"의 논의에서부터 깊이 고찰해야 할 이유이기도 하다. 일본 비평가 가라타니 고진柄谷行人은 이를 두고 공산주의나 국가사회주의가 아닌, '어소시에이셔니즘associationism'이란 용어를 제안한다. 그에 따르면 어소시에이셔니즘은 "상품교환 원리가 존재하는 도시적 공간에서 국가나 공동체의 구속을 거부함과 동시에 공동체에 있던 호수성互酬性, 호혜을 고차원적으로 회복하려는 운동"[34]이다. 그러나 동시에 "타자를 수단으로서만이 아니라 목적으로서 다루라."는 도덕법칙은 자본주의에서는 실현 불가능하다. 화폐와 상품, 즉 자본과 임금노동의 비대칭성이 존재하는 한 그곳에 놓인 개인은 부득이하게 타자를 수단으로만 다루게 되므로 궁극적으로는 계급격차를 야기하는 시스템 그 자체를 바꿀 수밖에 없다.[35] 즉 애초에 부의 격차가 생기지 않는 교환 시스템을 만들고 실현하는 것이다. 이는 역시 국가라는 환상 공동체 안에서는 불가능하다. 마르크스가 『고타강령 비판Kritik des Gothaer Programms』에서 국가에 의해 어소시에이션생산자협동조합을 육성할 것을 제안한 국가사회주의적 기획을 비판한 것도 개인들의 수평적이고 자유로운 '어소시에이션'이 국가를 대체해야 한다는 『독일 이데올로기』에서의 주장 연장선에 있다.

이제는 자본축적과 가치생산의 회로 안에서 1인 기업이나 청년 혁신 활동가와 같은 수사를 펼치거나 4차 산업혁명의 '기업 목표'를 관철시키려는 관제화된 메이커 문화를 넘어서서 '메이커 어소시에이션'의 기획이 필요한 시점이다. 산업자본과 플랫폼 자본이 임계점에 도달해 축적의 모델을 전환하고 있는 지금, 전 지구의 노동계급은 노동의 추방을 통해 인간의 존재 자체를 쓸모없게 만들거나, 아니면 진정 노동에서 작업으로, 작업에서 활동으로의 질적 도약을 통해 '인간 능력의 전면적 발달'이라는 테제에 한 걸음 더 가까이 가느냐의 기로에 서 있는 것이다.

새 정보자본주의하에서 새 투쟁의 주기, 가칭 '메이커 어소시에이션'의 성좌를 기획하기 위해서는 최소한 세 가지의 큰 그림이 그려져야 한다. 첫째, 생산수단 혹은 삶-활동 포획 기계가 된 플랫폼-알고리즘-인공지능의 삼위일체에 대항할 공공의 플랫폼이 만들어져야 한다. 망 중립성Network Neutrality이 구현되고, 공기가 누군가의 소유가 아니듯 플랫폼을 조건 없는 공유의 공간으로 끌어와야 한다는 것이다. 마르크스의 사적 소유 철폐 논의는 물질·비물질 노동이 다시금 결합하는 오늘날 다시금 유효하다. 플랫폼과 데이터에 대한 전면적인 사적 소유 폐지가 시급한 상황이다.

둘째, 오픈소스 하드웨어의 보급이 다양한 영역에서 거둔 가시적 성과를 확대해 물질재의 생산을 구현하는 3D프린터와 그 외 개인이 사용할 수 있는 모든 종류의 생산수단이 공유되어야 한다. 데이터의 접근권에 대한 분배가 공평해져야 하듯이 재화 생산에 대한 접근권의 균등한 분배는 필수적이다.

셋째, 할 수 있는 모든 종류의 정보 공유지를 확대하고 정보 공유지에 대한 자본의 이용을 제한해야 한다. 플랫폼의 데이터 독점으로 특히 학문생산의 영역이 제한받고 있다. 세계경제포럼의 기업가와 관료들은 전통적인 육체노동직과 사무직이 줄어드는 대신 교육 영역에서 일자리가 늘어날 것처럼 떠들어대고 있지만, 그마저도 무크MOOC, 온라인 공개강좌와 같이 정보기술에 기초한 스트리밍 서비스는 곧 플랫폼과 유착해 수많은 지식 생산 관련 일자리를 없애버릴 것이다. 수많은 사람이 한 대학교 교수의 강의를 듣기 위해 기꺼이 월 종량제를 플랫폼에 지불할 것이며, 지식의 다양성은 사라지고 생산된 논문은 지식재산권과 함께 이들에 종속된다. '물질' '데이터' '지식' 세 경계를 두고 공유와 소유의 배타적, 인격적 사용을 둘러싼 새로운 갈등이 플랫폼을 통해 전면화될 것이다.

인간은 물질계에서 고독한 개인이 아니며, 모든 것을 혼자 만들 수도 소유할 수도 없다. 물질 생산의 새로운 어소시에이션이라는 상상 속에서 모든 종류의 생산기술과 정보기술이 동원되어야만 한다. 자유로운 개인들이 스스로 질료와 형상을 변형시키는 작업 과정을 기획하고 통제하고 실천하는 손의 감각과 그것에 내재된 기술의 사회적인 지평의 연대라는 점에서, 그 소유와 공유의 변증법적 관계 속에 국가가 아닌 공동체가 지향점이 되어야 할 것이다.

1   제작의 '비판적' 성격과 학문적 유비는 Matt Ratto, "Critical Making: Conceptual
     and Material Studies in Technology and Social Life", *The Information Society*,
     27(4), 2011, pp. 252-260 참고.

2   Ivan Illich, *Tools for Conviviality*, New York: Harper & Row, 1973.

3   카를 마르크스 지음, 『경제학-철학 수고』 내용을, 안토니오 네그리·마이클 하트
     지음, 정남영·윤영광 옮김, 『공통체-자본과 국가 너머의 세상』, 사월의책, 2014,
     75쪽에서 재인용.

4   현대사회 사물의 빠른 폐기를 '좀비'로 묘사하고 이들로부터 대안적 쓸모를
     발견하려는 사물 '고고학'에 대한 논의는, Garnet Hertz and Jussi Parikka,
     "Zombie Media: Circuit Bending Media Archaeology into an Art Method",
     Leonardo, 45(5), 2012, pp.424-430 참고.

5   '폐기 문화'에 저항하는 '고칠 권리the right to repair'의 실천적 논의는, Kate Lyons,
     "Reclaiming the right to repair", *The Guardian*, 15 March, 2018 참고.

6   '업사이클링'은 버려진 폐자원을 분해 과정 없이 더 좋은 친환경 품질로
     만드는 공정을 의미한다.

7   서킷벤딩은, 예를 들어 소비 제품에 들어가는 전자회로 장치를 해체한 뒤에
     스위치, 손잡이, 센서 등을 장착해 사물을 재맥락화하는 것이다.

8   '애드호키즘'은 과거의 누적된 기술 경험에 보완적 '추가 아이디어나 발명add-
     ons'을 접합해 새로운 의미의 사물을 만드는 것이다. 이에 대한 자세한 논의는,
     Charles Jencks and Nathan Silver, *Adhocism: The Case for Improvisation*,
     Cambridge, MA: the MIT Press, 2013 참고.

9   '증창'은 건축 용어로, 완전히 건조물을 갈아엎는 '개발'의 논리와 정반대의
     뜻이다. 즉 건축물을 부분적으로 고쳐 쓸모 있게 지어 사용한다는 의미가 있다.

10   마우리치오 랏자라토 지음, 신병현·심성보 옮김, 『기호와 기계』, 갈무리, 2017.

11   대표적으로 Jane Bennett, *Vibrant Matter: A Political Ecology of Things*,
     Durham and London: Duke University Press, 2010 참고.

12 Ron Wakkary, William Odom, Sabrina Hauser, Garnet Hertz and Henry Lin, "Material Speculation-Actual Artifacts for Critical Inquiry", *Aarhus Series on Human Centered Computing*, 1(1), 2015, pp.97-108. 사물을 비판적으로 사색하고 탐구하는 행위는 그 디자인과 설계를 읽기 위한 것으로, 제작 문화에서 흔히 이루어지는 사물을 우회해 뜯어보고 변형하고 설계의 원리에 가까이 다가가는 '탐색적 팅커링tinquiry: tinkering as inquiry, 혹은 땜문하기'에 가깝다.

13 김재희, 『시몽동의 기술철학-포스트휴먼 사회를 위한 청사진』, 아카넷, 2017, 170쪽에서 재인용.

14 Gilbert Simondon, Arne De Boever(trans.), "On Techno-Aesthetics", *Parrhesia*, 14, 2012, pp.1-8.

15 Steve Mann, "Maktivism: Authentic Making for Technology in the Service of Humanity", in M. Ratto, M. Boler(eds.), *DIY Citizenship, Critical Making and Social Media*, Cambridge MA: MIT Press, 2014, pp. 29-52.

117

1   전 세계 도시에서 진행되고 있는 미래 비전과 도시계획 수립 과정에 대한
    보고로는 다음을 참조했다. 반정화·송미경, 「세계 주요 도시의 미래 비전
    변화와 시민 참여」, 《세계와 도시》 1·2 통합호, 세계도시연구센터, 2015.

2   안병옥, 「[녹색세상] '제4차 산업혁명' 준비하자」, 《경향신문》,
    2016년 6월 22일.

3   세르주 라투슈 지음, 이상빈 옮김, 『발전에서 살아남기-신자유주의를 넘어
    대안 사회 건설까지』, 민음사, 2015, 84쪽.

4   같은 책, 12쪽.

5   Techopedia.com, 「Techopedia explains Maker Movement」.
    검색일: 2016년 7월 22일.

6   마크 해치 지음, 정향 옮김, 『메이커 운동 선언』, 한빛미디어, 2014, 17쪽.

7   안병옥, 앞의 글.

8   제러미 리프킨 지음, 안진환 옮김, 『한계비용 제로 사회』, 민음사, 2014, 459쪽.

9   팀 잭슨 지음, 전광철 옮김, 『성장 없는 번영』, 착한책가게, 2015, 103쪽.

10 바르바라 무라카 지음, 이명아 옮김, 『굿 라이프-성장의 한계를 넘어선 사회』,
    문예출판사, 2016, 129쪽.

11 데이비드 랭 지음, 장재웅 옮김, 『제로 투 메이커』, 한빛미디어, 2015, 110쪽.

12 같은 책, 111쪽.

13 세르주 라투슈 지음, 앞의 책, 2015, 99쪽.

14 '진부화' 전략이 1950년대 미국 자본주의와 디자인의 결합 관계로부터
    발생했다는 고찰을 참고하자. 나이젤 휘틀리 지음, 김상규 옮김,
    『사회를 위한 디자인』, 시지락, 2004, 35쪽. 디자이너 조지 넬슨은
    다음과 같이 말했다. "우리에게 필요한 것은 더 진부하게 만드는 것이지
    덜 진부하게 하는 것이 아니다."

15 앙드레 고르 지음, 임희근 외 옮김, 『에콜로지카』, 생각의나무, 2008, 200쪽.

16 세르주 라투슈 지음, 앞의 책, 2015, 78쪽.

17 같은 책, 92쪽.

18 앙드레 고르 지음, 앞의 책, 2008, 37쪽.

19 앙드레 고르 지음, 이현웅 옮김, 『프롤레타리아여 안녕-사회주의를 넘어서』, 생각의나무, 2011, 200쪽.

20 같은 책, 280쪽.

21 이는 적정기술 운동으로부터 도출해낸 원리이다.

22 앙드레 고르 지음, 앞의 책, 2011, 237쪽.

23 데이비드 건틀릿 지음, 이수영 옮김, 『커넥팅-창조하고 연결하고 소통하라』, 삼천리, 2011, 183쪽.

24 차영필·정무영, 「분산생산 시스템을 위한 에이전트 기반의 협업 시뮬레이션 체계」, 《한국경영과학회 학술대회논문집》, 2003, 803-813쪽.

25 에치오 만치니 지음, 조은지 옮김, 『모두가 디자인하는 시대-사회혁신을 위한 디자인 입문서』, 안그라픽스, 2016, 227쪽.

26 박영숙, 『메이커의 시대-유엔미래보고서 미래 일자리』, 《한국경제신문》, 2015, 209쪽.

1 이 글은 2017년 3월에 발행한 《한국언론정보학보》의 「메이커 문화를 둘러싼 담론적 지형-메이커 운동Maker Movement에 대한 비판적 담론 분석」이라는 학술 논문을 축약해 재구성했다. 또한 2016년 말까지의 담론들을 분석했다는 점을 미리 밝혀둔다.

2 미래창조과학부, 보도자료 「창의적 메이커 취미 넘어 창업 도전 쉬워진다」, 2016년 9월 5일.

3 이것은 해커 문화의 역사적 변형 혹은 확장으로 메이커 운동을 해석할 수 있다는 점을 암시한다. 해킹을 메이킹이라는 단어로 전치해 사용하는 과정에서 발생하는 쟁점들을 다루는 글로는 다음을 참고하라. A. Richterich & K. Wenz, "Introduction: Making and Hacking", Digital Culture & Society, 3, 2017, pp. 5-21.

4 메이커 운동의 가장 구체적인 방식과 현장에서의 고민들은 한빛미디어에서 2011년 5월부터 2015년 6월까지 출간했던 격월간지 《메이크》나 한국과학창의재단에서 운영하는 메이크올Makeall 홈페이지에서 2015년 8월부터 발행하고 있는 웹진 《Let's MAKE》를 참고할 수 있다.

5 크리스 앤더슨 지음, 윤태경 옮김, 『메이커스-새로운 수요를 만드는 사람들』, 알에이치코리아, 2013, 22쪽.

6 크리스 앤더슨 지음, 이노무브그룹·이호준 옮김, 『롱테일 경제학』, 랜덤하우스, 2006.

7 크리스 앤더슨 지음, 앞의 책, 2013.

8 마크 해치 지음, 정향 옮김, 『메이커 운동 선언』, 한빛미디어, 2014.

9 데이비드 건틀릿 지음, 이수영 옮김, 『커넥팅-창조하고, 연결하고, 소통하라』, 삼천리, 2011.

10 존 베이첼 지음, 정향 옮김, 『메이커 프로』, 한빛미디어, 2015.

11 이대호, 「디지털 제조의 이해와 정책 방향」, 《KISDI Premium Report》(2013-10), 정보통신정책연구원, 2013, 17-19쪽.

12 미래창조과학부, 보도자료 「국민의 아이디어와 상상력을 ICT DIY로 구현!」, 2014년 6월 19일.

13   미래창조과학부는 한국전자통신연구원 등의 정부연구기관,
     전국대학생동아리연합과 아두이노 스토리메이커 커뮤니티 등의 민간 영역
     그리고 매직에코와 위즈네트 등 메이커 기업들을 초청한 공청회에서
     ICT DIY 활성화 정책을 발표한다.

14   표준연구센터, 「ICT DIY내가 만드는 ICT 정책 및 표준화 현황」, «ETRI ECO
     표준기술»(2014-2호), 한국전자통신연구원 창의미래연구소, 2014.

15   권보람·김주성, 「한·미 양국의 ICT 기반 메이커 운동의 현황 비교·분석」,
     «ETRI ECO Market»(2015-01), 한국전자통신연구원 창의미래연구소, 2015.

16   최재규 외, 「국내외 메이커 운동 사례 조사 및 국내 메이커 문화 활성화 방안
     정책 연구」, 한국과학창의재단, 2014, 115쪽, 133쪽.

17   한국과학창의재단, 「메이커 운동 활성화 방안 연구」, 미래창조과학부, 2016.

18   손현철, ‹카운트다운! 4차 산업혁명-1부 메이커 시대가 온다›, KBS, 2016.

19   정지영, 「사회혁신 실험의 공간, Living Lab」, 『과학기술+사회혁신 포럼-
     과학기술과 사회혁신, Living Lab에서 만나다』, 과학기술정책연구원, 2016년 5월.

20   장훈교, 「탈성장 운동과 메이커 운동-자가제작에서 분산제작 체계까지,
     «서울이노베이션랩과 함께하는 사회혁신리서치랩 제6회 ‘혁신의 발견’ 워크숍
     “배우고, 만들고, 공유하라-메이커 운동의 현재와 새로운 도시의 가능성”»」,
     서울이노베이션팹랩, 2016년 7월.

21   장훈교, 「서울형 제작교육 대안 모델을 향해-좋은 삶을 위한 자립 전략으로서의
     메이커 교육」, «사회혁신포커스» 19호, 사회혁신리서치랩, 2016.

22   송위진, 「Living Lab-사용자 주도의 개방형 혁신 모델」, «Issue & Policy»,
     제59호, 과학기술정책연구원, 2012, 1-14쪽.

23   송위진, 「Fab Lab-사용자와 시민사회를 위한 혁신 공간」, «Issue & Policy»,
     제62호, 과학기술정책연구원, 2012, 1-12쪽.

24   송위진, 「혁신 연구와 ‘사회혁신론’」, «동향과 이슈», 제27호,
     과학기술정책연구원, 2016, 1-29쪽.

25 크리티컬 메이킹에 대한 자세한 내용은 박소현(2018)의 글을 참조하라.

26 릴리쿰 외, 『손의 모험』, 코난북스, 2016.

27 송수연, 「새로운 문화정치의 장, 자립문화운동-문화귀촌, 청년의 소셜 네트워크,
    메이커 문화를 중심으로」, 《문화과학》, 73호, 문화과학사, 2013, 145-159쪽.

28 기술행동주의 맥락에서 제작 활동이 가진 비판적 가능성에 대한 서술은 다음을
    참조하라. Kate Milberry, "(Re)making the Internet: Free Software and the
    Social Factory Hack", *DIY Citizenship: Critical Making and Social Media*,
    MIT Press books, 2014, pp. 53-64.

29 청개구리제작소 외, 『공공도큐멘트 3-다들 만들고 계십니까?』, 미디어버스, 2014.

30 최빛나·송수연, 「제작과 정보기술의 아크로바틱」, 『불순한 테크놀로지』,
    논형, 2014, 185-205쪽.

31 이광석, 「메이커제작 문화와 사회적 기술 감각의 회복」, 《워커스》, 25호,
    2016, 11월.

32 이광석, 「기술·정보 문화연구의 지평들」, 『불순한 테크놀로지』,
    논형, 2014, 19-58쪽.

33 홍성태, 「지식사회와 벤처 이데올로기」, 《경제와사회》, 47호, 2000, 76-98쪽.

34 박경환, 「글로벌 시대 창조 담론의 제도화 과정: 행위자-네트워크 이론을
    중심으로」, 《한국도시지리학회지》, 16권 2호, 2013, 31-48쪽.

35 제러미 리프킨 지음, 안진환 옮김, 『한계비용 제로 사회-사물인터넷과
    공유경제의 부상』, 민음사, 2014.

36 이영희, 『과학기술의 사회학-과학기술과 현대사회에 대한 성찰』,
    한울, 2000, 140-146쪽.

37 물론 토플러의 경우, '프로슈머prosumer' 개념을 통해 수동적 소비자가
    능동적이고 창조적인 생산자로 변화한다는 점을 지적하며 소비자가 생산과정에
    개입해 소비자의 권리가 작동할 수 있다고 논의했다. 하지만 메이커는 개인을
    직접 생산의 주체로 호명한다는 점에서 이런 논의가 사회적 맥락에 맞게
    진화되고 변형된 논리라고 간주할 수 있다.

38 올리히 브뢰클링 지음, 김주호 옮김, 『기업가적 자아-주체화 형식의 사회학』, 한울, 2014.

39 미셸 푸코 지음, 오트르망 옮김, 『생명관리정치의 탄생-콜레주드프랑스 강의 1978-79년』, 난장, 2012, 399쪽.

40 바바라 크룩섕크 지음, 심성보 옮김, 『시민을 발명해야 한다』, 갈무리, 2014.

41 김성윤, 「사회적인 것의 재-구성: 사회자본론, CSR, 자원봉사활동 담론들의 접합」, 《진보평론》, 제48호, 2011, 188-206쪽.

42 메이커 운동과 관련해 DIY시민권(DIY citizenship)에 주목하고 있는 일련의 학자들이 공동으로 집필한 『DIY시민권: 비판적 제작 활동과 소셜미디어』의 서문에서, 이들은 자크 랑시에르에 근거해 '불화'와 '미학의 정치'를 비판적 메이커 운동의 이론적 틀로 제안한다. 자세한 내용은 다음을 참고하라. Matt Ratto and Megan Boler, "Introduction", *DIY Citizenship: Critical Making and Social Media*, MIT Press books, 2014, pp. 1-22.

1 2017년 6월 인문콘텐츠학회 학회지 《인문콘텐츠》 45호에 게재된 논문 「한국의 메이커 문화 동향에 대한 비판적 고찰—국가발전 메이커 담론과 일상문화 속 저항 사이에서」를 바탕으로 재구성한 글이다.

2 임성현 외, 『2016 다보스 리포트-인공지능발 4차 산업혁명』, 《매일경제신문사》, 2016, 44쪽.

3 「The Future of Jobs」, WEF, 2016년 1월 18일.

4 제러미 리프킨 지음, 안진환 옮김, 『한계비용 제로사회』, 민음사, 2014.

5 만약 이윤이 존재하려면, 노동자는 자신들이 소비하는 것보다 더 많은 가치를 생산해야 한다. 다른 한편으로 축적이 존재하려면, 자본가계급과 그의 부양가족은 그 잉여가치를 전부 소비할 수 없다. 만약 자본가계급 및 그의 부양가족과 함께 노동자계급이 적절한 시장을 형성할 수 없고 생산된 모든 상품을 살 수 없다면, 비록 착취가 일어나고 잉여가치가 추출되어왔다 하더라도 그런 가치는 실현될 수 없다. 출처는 안토니오 네그리·마이클 하트 지음, 윤수종 옮김, 『제국』, 이학사, 2001, 300쪽.

6 크리스 앤더슨 지음, 윤태경 옮김, 『메이커스』, 알에이치코리아, 2013.

7 미국은 주립 도서관과 박물관 등 공공기관을 중심으로 메이커스페이스들이 빠르게 활성화되고 있다. 오바마는 향후 4년 동안 미국 내 학교 1,000여 곳에 메이커스페이스를 만들겠다고 공언했으며, 2016년 3D프린터와 레이저커터 등의 설비와 교육프로그램을 갖춘 공식적인 메이커스페이스는 483개소로 2006년 이후 약 14배 증가했다. 출처는 Nicole Lou and Katie Peck, "By the numbers: The rise of the makerspace", 2016. www.popsci.com/ rise-makerspace-by-numbers

8 국내 메이커스페이스는 2016년 138개소가 운영되고 있으나(공공 106개소, 민간 32개소), 이용 실태를 분석한 결과 대부분 전공 분야가 뚜렷한 대학생이나 창업을 준비 중인 사람들 위주로 시제품을 만드는 목적을 위해 사용되고 있다. 출처는 이승철 외, 「메이커 운동의 해외 사례 분석을 통한 국내 메이커 교육 도입 방향 제안」, 한국컴퓨터교육학회 동계 학술발표 논문지 제21권 제1호, 2016, 42쪽.

9 Rebecca Willett, 「Making, Makers, and Makerspaces: a discourse analysis of professional journal articles and blog posts about makerspaces in public libraries」, *Library quarterly*, 2015, p.3.

10   Knobel, Michele and Colin Lankshear, *DIY Media: Creating, Sharing and Learning with New Technologies (New Literacies and Digital Epistemologies)*, Peter Lang Inc., International Academic Publishers; First printing edition, *Some Contemporary Themes In DIY Media: Creating, Sharing and Learning With New Technologies*, Michele Knobel and Colin Lankshear (eds.), New York: Peter Lang, 2010, pp.1-26.

11   Rebecca Willett, 앞의 글, 2015, p.6.

12   Alan Watts et al., "Houseboat Summit" in The San Francisco Oracle, issue #7, San Francisco, 1968.

13   Trapese, *Do It Yourself: A Handbook For Changing Our World*, Pluto Press, 2007.

14   David Gauntlett, *Making is Connecting*, Polity Press: 1 edition, 2011, p.50.

15   Matt Ratto and Megan Boler et al., *DIY Citizenship: Critical Making and Social Media*, MIT Press, 2016.

16   이승우, 「권태는 반혁명적이다–상황주의자 인터내셔널의 유산」, 《진보평론》 26, 2005, 212쪽. 르페브르는 자본주의가 침투한 일상의 변혁을 '공간의 변화'를 통해 파악한다. "사회적 공간은 번식의 사회적 관계, 즉 가족이라는 특별한 조직과 더불어 성별, 나이에 따른 생물학적·생리적 관계와 생산관계, 즉 노동의 분업과 그 조직, 다시 말해서 위계질서에 따른 사회적 기능을 포함하며 각각의 활동에 적합한 장소를 할애한다. 번식과 생산이라는 이 두 가지 축은 분리될 수 없다. 노동의 분업은 가정에서도 그대로 적용되며 유지된다. 역으로 가정이라는 조직은 노동의 분업에도 개입한다. 하지만 사회적 공간은 이 두 가지 활동 각각에 합당한 '장소 부여하기(localiser)'를 위해 이를 분리한다. (……) 자본주의, 특히 '현대적인' 신자본주의의 도래와 더불어 상황은 한층 복잡해진다. 번식, 즉 생물학적 재생산(가족)과 노동력의 재생산(원래 모습 그대로의 노동자계급), 그리고 생산의 사회적 관계, 다시 말해서 자본주의사회를 구성하는 관계, 이렇게 세 개의 층위가 뒤엉키기 때문이다. 사회적 관계(생산과 재생산)의 재현까지도 포함하기 때문에 한층 더 복잡해진다. 출처는 앙리 르페브르 지음, 양영란 옮김, 『공간의 생산』, 에코리브르, 2011, 79쪽. 거꾸로, 이러한 공간의 사회적 실천은 전술적으로 가능성을 가지게 된다. 공간은 의복, 가구,

125

주택(주거지) 같은 재화, 사물, 교환 대상으로서의 물질적인 생산, 즉 필요에 의한
생산으로 간주되며 (……) 물질적인 창조를 추구하는 실험과학과 상호 침투하는
축적된 인식의 결과로서의 생산과도 결부되고 (……) 또한 최대한 자유로운 창조
과정, 즉 의미화 작용 과정과도 결부된다. (……) 이는 필요에 따른 맹목적이고
직접적인 노동에 종지부를 찍는 순간, 다시 말해 작품, 의미, 향유를 창조하기
시작하는 순간부터 가능하다. 출처는 같은 책, 221쪽.

17 김일림, 「세운상가와 아키하바라의 공간학」, 인문콘텐츠39, 2015, 150쪽.

18 리처드 세넷 지음, 김홍식 옮김, 『장인—현대문명이 잃어버린 생각하는 손』,
    21세기북스, 2010, 26쪽.

19 카를 마르크스·프리드리히 엥겔스 지음, 박재희 옮김, 『독일 이데올로기 I』,
    청년사, 2007, 109쪽

20 카를 마르크스는 다음과 같이 기술한다. "각 길드 내부에서도 노동 분업은
    작업자들 사이에서조차 전혀 존재하지 않았다. 모든 작업자는 작업의 전체
    과정을 두루두루 통달해야 했으며, 그의 연장으로 만들 수 있는 모든 것을
    만들 줄 알아야 했다. (……) 그리하여 중세의 수공업 숙련공들은 자신의
    특수한 작업 및 그것을 익히는 일에 매우 흥미를 갖고 있었으며, 이 흥미는
    제한적이나마 예술적인 의미로까지 고양될 수 있었다. 하지만 이런 이유 때문에
    모든 중세의 수공업 숙련공들은 자신의 작업에 완전히 몰두한 채 그것에 즐거운
    마음으로 예속되었고, 자신의 노동에 전혀 무관심한 근대 노동자와 비교해 훨씬
    깊이 그 노동 안에 포섭되어 있었다." 출처는 카를 마르크스·프리드리히 엥겔스
    지음, 앞의 책, 2007, 93쪽.

21 스티브 만은 DIY를 행하는 데 땜질tinkering이 본질적으로 '질문하기inquiring'를
    내재하며 '땜문하기tinquiry: tinkering as inquiry'가 제작 행동주의Maktivism의
    원천이라고 본다. 만의 정의에 따르면 DIY 제작 행동주의는 리눅스 기기를
    통해 물건을 만들거나 해킹해 물질을 오픈소스 클라우드 컴퓨팅 기기환경에서
    재구성하는 활동 (……) 땜문하기와 참여적인 해킹으로 '전문화된' 물질
    대상들의 성격을 바꿔놓는 활동이다. 출처는 Matt Ratto and Megan Boler et al.,
    앞의 책, 2016, p.29.

22 송수연, 「새로운 문화정치의 장, 자립문화 운동」, 《문화과학》,
    2013, 145-159쪽.

주

23 한나 아렌트Hannah Arendt는 인간의 노동을 세 가지 차원에서 정의했다.
노동labour은 인간이 몸을 통해 하는 수고로서, 인체의 신진대사 문제를 해결하기
위해 하는 일이다. (……) 작업work은 손의 수고를 통해 이루어지는 것으로,
주거와 의복 등의 부분을 해결하는 것이다. 장인이나 제작자의 활동이 여기에
속하며 그로 인한 산물은 더욱 항구적이며 지속해서 존재하기에, 따라서 이는
소비의 대상이 아니라 사용use의 대상이다. 한편 인간의 자유로움에 기반해
자신의 고유한 모습을 드러내어 말하고, 사회 내에서 함께 살아가는 방식을
규정하는 정치적 활동은 행위action라고 불린다. 이는 무형의 것으로서 말을 통해
이루어지며, 다원적 가치가 보호되고 주장되는 영역이다. 억압을 당할 때는
폭발하며, 공동의 행위가 집단적으로 표출되어 혁명으로 나타나기도 하며, 공동
행위를 통해 이룩한 업적이나 합의의 내용은 법이 되거나 규약으로서 사회를
규제하는 힘으로 작용하기도 한다. 출처는 김선욱, 「아렌트의 노동 개념」,
《노동리뷰》, 2006, 57-60쪽.

24 "발전주의 단계에서 한국 사회는 군사독재 또는 권위주의 국가가 사회적 권력의
핵을 장악했고, 그 결과 문화와 경제, 정치의 관계 또한 정치가 우위를 점하며
구성되었다. (……) 당시 문화가 '건전 문화' 아니면 '퇴폐 문화'로 양분된
것도 지배 권력과의 관계 속에서 규정되어야 했기 때문인데, 이런 이분법적
분류는 국가발전을 위한 국민 동원에 문화가 어떤 기능을 하느냐가 중요했음을
보여준다. 대부분 고급문화가 순수예술이나 전통 '민족문화'의 형태로 정치성을
탈각할 것을 요구받은 것도 문화는 권력의 시녀가 되어야 했기 때문이다."
출처는 강내희, 「문화와 시장」, 《마르크스주의 연구》, 제5권 제2호(통권 제10호),
2008, 240-241쪽.

25 "한국에서 발전주의는 시대별로 다양한 구호로 제시되어왔다. 1960-1970년대
박정희 정권의 '발전국가'에서 추진한 것이 '근대화'라면, 1990년대
세계무역기구WTO 출범 등 국제환경 변화에 대해 김영삼 정부가 내세운
구호는 '세계화'였고, 2000년대 신자유주의적 정책기조가 강화하는 가운데
이명박 정부에서는 '선진화'를 대표적인 구호로 내걸었다." 출처는 김종태,
「한국 발전주의 담론 구조」, 《경제와 사회》 103, 2014, 169쪽.

26 "자본주의적 발전이 진전될수록, 즉 상대적 잉여가치의 생산이 모든 곳에 더
   많이 침투할수록, 생산-분배-교환-소비 회로는 불가피하게 점점 더 발달한다.
   즉 자본주의적 생산과 부르주아사회의 관계, 공장과 사회의 관계, 사회와
   국가의 관계는 점점 더 유기적으로 변한다. (……) 사회적 관계들은 생산관계의
   지점들이 되고, 사회 전체가 생산의 절합節合, articulation이 되었다. 간단히 말해
   모든 사회가 공장의 역할을 하고, 공장은 사회 전체에 대한 독점적 지배를
   확장한다. 출처는 채석진, 「테크놀로지, 노동, 그리고 삶의 취약성」,
   《한국언론정보학보》 79, 2016, 232쪽.

27 장훈교, 「서울형 제작교육 대안 모델을 향해」, 《사회혁신 포커스》 19, 2016, 6쪽.

28 청개구리 제작소 외, 『공공도큐멘트3-다들 만들고 계십니까?』,
   미디어버스, 2014, 169쪽.

29 컴퓨팅의 세계에서 소프트웨어는 카피라이트, 특허권, 기업 비밀 등으로
   보호된다. 컴퓨터 프로그램은 떠다니는 라이선스로 보호받는다. 이 라이선스를
   각각 좌석seat이라 불러보자. 만약 당신이 거대한 컴퓨터 네트워크를 운영한다면
   당신은 '라이선스 서버'나 '라이선스 매니저'를 설치해 열 명의 사람만 당신
   네트워크에서 특정 프로그램을 쓰도록 허용한다. 이것은 '열 석의 떠다니는
   라이선스'이다. 컴퓨팅의 세계에서 인위적인 결핍은 요금을 지불하지 않으면
   프로그램을 사용할 수 없도록 방지하는 방식으로 이뤄진다. 소프트웨어
   판매자는 '떠다니는 좌석 라이선스'를 판매하는 것이다. 이런 라이선스는 수많은
   사람이 동시에 프로그램을 사용하는 것을 제한한다. 출처는 Matt Ratto and
   Megan Boler et al., 앞의 책, 2016, p.39.

30 카를 마르크스·프리드리히 엥겔스 지음, 앞의 책, 2007, 109쪽.

31 민족은 공동체로 상상된다. 왜냐하면 각 민족에 보편화되어 있을지 모르는
   실질적인 불평등과 수탈에도 민족은 언제나 심오한 수평적 동료의식으로
   상상되기 때문이다. 출처는 베네딕트 앤더슨 지음, 윤형숙 옮김,
   『상상의 공동체』, 나남, 2004, 27쪽.

32 카를 마르크스·프리드리히 엥겔스 지음, 앞의 책, 2007, 110쪽.

33 카를 마르크스 지음, 김문현 옮김, 『경제학·철학 초고/자본론/공산당선언/
   철학의 빈곤』, 동서문화사, 1994, 343쪽.

34 가라타니 고진 지음, 조영일 옮김, 『세계 공화국으로』, 도서출판 b,
   2007, 183쪽.

35 같은 책, 185쪽.

‹ 대장장이 Locksmith ›

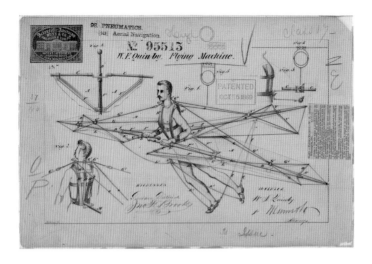

W. F. 퀸비W. F. Quinby의 ‹비행 기계A Flying Machine›

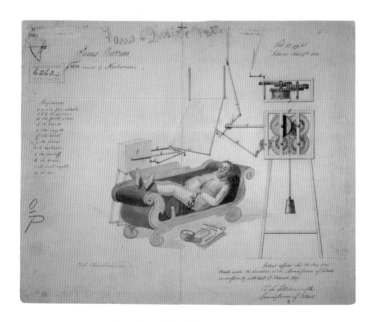

제임스 배런James Barron의 ‹기계 동작 환풍기Fan Moved by Mechanism›

〈과학공작 과학완구 전시회〉 관련 기사

《전자과학》(1972.11)

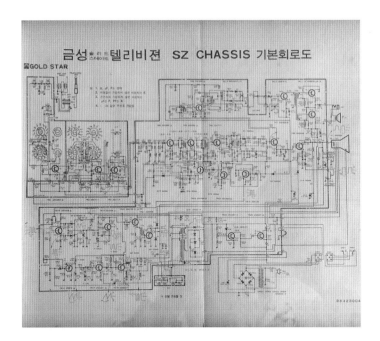

잡지에 수록된 금성 텔레비전 회로도

예전의 전자기기는 회로도나 메커니즘이 공개되어 자가 수리나 복제의 가능성이
기본적으로 열려 있는 경우가 많았다. 《전자과학》(1972.10)

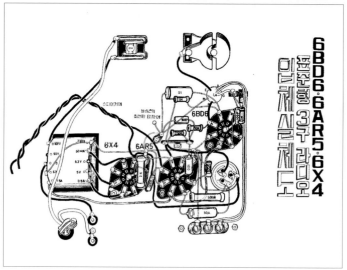

진공관 라디오인 3구 라디오 제작을 위한 부품 배치도(위)

부품과 배선의 연결을 구체화된 이미지로 보여주는 입체 실체도(아래)

《전자기술》(1965.5)

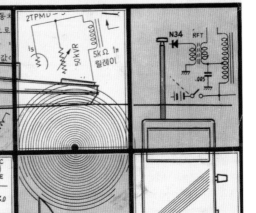

007제작집

1970년대 학생들 사이에서 유행했던 '007키트'의 매뉴얼은
과학기술사에서 기술서 형태로 편집, 출간되었다.

애플 I

1976년에 애플사가 출시한 개인용 컴퓨터. 스티브 워즈니악이 설계해
마더보드(메인보드)만 키트의 형태로 판매되었으며 사용자가 모니터,
키보드, 저장장치로 사용되는 카세트테이프 장치들을 따로 구입해서
조립하는 방식이었다. 앨테어(Altair) 8800과 같이 그 이전에 인기 있었던
컴퓨터 키트가 LED와 스위치로 입출력을 했던 것과 달리 모니터와
키보드를 차용함으로써 이전과 차별화된 인터페이스를 구성했다.
마더보드의 외관을 사용자가 만드는 방식이어서 남아 있는 애플 I 의
외관 디자인은 서로 다르다. 2003년 레플리카(Replica) I 이름의 복제
키트가 판매되기도 했다.

직조 공방 수업에서 사용한 직조기

못의 노래 〈콜드 블러드〉 애니메이션 뮤직비디오

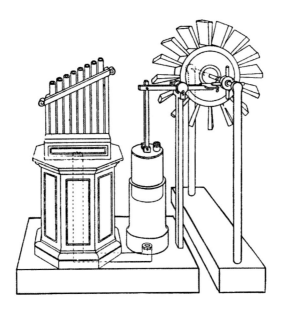

헤론의 〈바람으로 연주하는 오르간〉

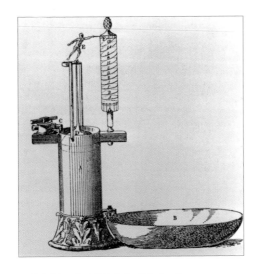

크테시비우스의 자동물시계 〈클렙시드라〉

지오바니 폰타나의 〈오토마타 설계도〉

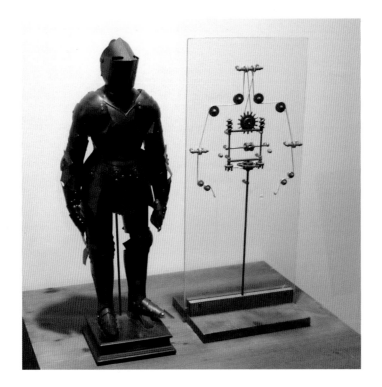

레오나르도 다빈치의 ‹갑옷 기사›

볼프강 폰 켐펠렌의 〈자동체스인형〉

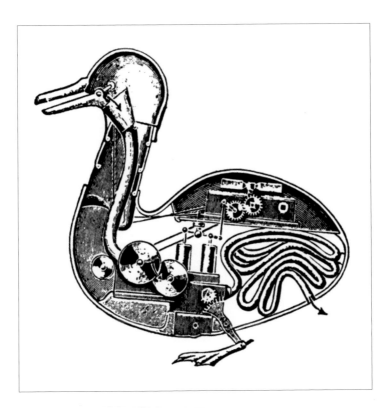

자크 드 보캉송의 ‹기계장치 오리›

존 네빌 마스켈린의 카드게임 오토마타 〈사이코〉

그림 그리는 오토마타 〈조〉

중국의 ⟨지남차⟩

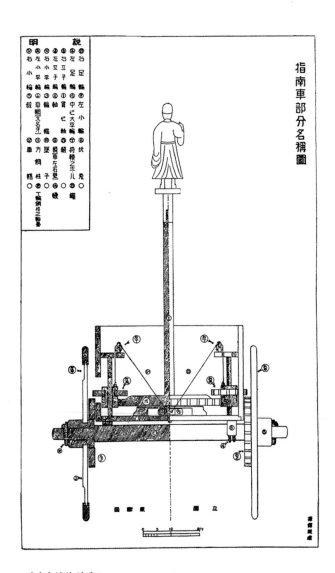

〈지남차 복원 설계도〉

일본의 〈오토마타 극장〉

한국의 〈만석중놀이〉 재현 공연

조선 시대 〈자격루〉

알렉산더 칼더의 ‹서커스›

폴 스푸너의 〈벌거벗은 고양이Barecats〉

지속 가능한 삶을 위한 손의 감각과 적정기술

김성원

오토마타의 역사와 현대 오토마타 예술

전승일

제작 문화와 회색상자로서의 키트

언메이크랩

4차 산업혁명 신드롬이 말하지 않는 것, 크리티컬 메이킹이 말하려는 것

박소현

4차 산업혁명 신드롬이 말하지 않는 것, 크리티컬 메이킹이 말하려는 것

박소현

서울과학기술대학교 IT정책대학원 교수

4차 산업혁명 신드롬과 메이커스페이스

2018년 4월 12일 기준, 네이버 지식백과에만 4차 산업혁명을 표제어로 담은 사전이 7,022건, 4차 산업혁명을 다룬 기사는 101만여 건이다. 구글의 경우 한글 검색 결과는 344만 건이며, 한글을 제외한 영어, 프랑스어, 독일어, 중국어, 일본어로 검색한 결과는 약 177만 건이다. 4차 산업혁명이라는 용어가 2016년 세계경제포럼에서 처음 언급된 지 2년 남짓이다. 그동안 이 용어가 얼마나 많은 사람의 마음을 사로잡고 세상을 시끄럽게 했는지 충분히 짐작할 수 있다. 게다가 영어를 비롯해 세계 인구 중에서 사용 인구가 압도적으로 많은 다섯 개 국어로 구글 검색한 결과보다 한글 검색이 두 배인 걸 보면, 한국에서 4차 산업혁명앓이가 유난하다는 말도 일리가 있다.

그러나 4차 산업혁명에 대한 이런 비상한 관심을 대중적인 유행 정도로 치부할 수 없다는 데 문제가 있다. 국내에 4차 산업혁명이라는 신개념이 생산, 유포된 경로를 떠올려보자. 그것은 '초국적 정책집단들'[1] 중 하나인 세계경제포럼을 발원지로 삼아, 정부와 국책연구기관의 발 빠른 정책적 수용, 대중매체의 열광적인 실체화를 통해서였다. 즉 대중의 욕구나 기대로부터 형성된 것이 아니라, 국내외 정책 엘리트들이 4차 산업혁명이라는 신개념을 주도적으로 주조하고 이전시켰으며, 2016년 세계경제포럼과 고작 한 달 반 정도의 시차를 두고 열린 인공지능 바둑프로그램 알파고AlphaGo와 이세돌의 대국이라는 대중적 이벤트를 기폭제 삼아, 각종 대중매체나 정부매체를 통해 확대재생산된 것이다. 4차 산업혁명이 단순한 SF적 신드롬이 아니라, 불안과 기대가 뒤섞인 실제로 인식되는 것은 바로 이 생산과 유포의 경로에 기인한다.

거기에 4차 산업혁명은 이번 정부의 전매특허도 아니다. 세계경제포럼과 알파고의 충격을 거치면서 4차 산업혁명은 이미 박근혜 정부의 '창조경제'를 갈아치우는 양상을 보였고, 지난 19대 대선에서 주요 정당 후보들이 4차 산업혁명 관련 공약을 겨루면서 국민적 차원의 제도적 승인을 얻었다. 이처럼 정권과 정당을 초월한 국가생존전략의 핵심에 4차 산업혁명이 자리 잡게 된 이상, 남은 과제는 4차 산업혁명의 전략적 성패뿐이다. 얼마 전 세계경제포럼 회장 클라우스 슈밥이 한국을 방문했을 때, 대통령이 4차 산업혁명에 어떻게 적응할지 조언을 구하자, 슈밥은 한국이 4차 산업혁명에 높은 관심을 가지고 있다며 2019년 세계경제포럼의 화두가 한국이라 응수한 장면은 이를 잘 말해준다.[2] 그동안 4차 산업혁명이 실체가 없거나 창조경제와 다를 바가 없다는 논평들이 제기되었으나, 설령 그동안 실체가 없었다고 해도 이제 정부에게 남은 선택지는 오직 4차 산업혁명을 '성공'으로 이끌 실체를 전략적으로 만들어내야 하는 것이다. 슈밥의 말처럼 "4차 산업혁명은 이미 시작되었기" 때문이다.[3]

그 성공의 아이템으로 주목받는 것이 메이커스페이스다. 2013년 국내에 크리스 앤더슨의 『메이커스-새로운 수요를 만드는 사람들』이 발간된 이래, 정보통신정책연구원과 한국전자통신연구원, 한국과학창의재단 등은 '디지털 제조' 'ICT DIY' '메이커 운동' 등을 활성화하는 정책 방향을 연구해왔고,[4] 메이커스페이스는 창업지원 공간, 문화 공간, 교육 공간 또는 그 기능들을 복합적으로 수행하는 무언가로서 여러 부처나 지자체의 중요한 정책 아이템이자 사업으로 채택되었다.[5] 그 근본적인 지향점은 인공지능, 빅데이터, 3D프린터 등의 새로운 디지털 기술이 산업경쟁력과 경제성장을 좌우하므로, 한편으로는 규제개혁을 통해 장애를 제거하고 다른 한편으로는 메이커스페이스를 설치해 성장 동력을 만들겠다는 것이다. 한마디로 국내에서 메이커스페이스는 4차 산업혁명에 정책적으로 강력하게 구속되어 있다. 그리고 "4차 산업혁명의 총체적 변화 과정을 국가적인 방향 전환의 계기로 삼겠다."는 강력한 의지만큼,[6] 그 핵심적 정책수단으로 간주되는 메이커스페이스 역시 번성할 수밖에 없는 상황이다.

정부 주도의 4차 산업혁명 신드롬이 말하지 않는 것

그렇다면 한국 정부가 4차 산업혁명을 통해 지향하는 국가적 방향 전환이란 무엇인가? 「4차산업혁명위원회의 설치 및 운영에 관한 규정」에 따르면, "경제성장과 사회문제 해결을 함께 추구하는 포용적 성장으로 일자리를 창출하고 국가경쟁력을 확보하며 국민의 삶의 질을 향상"시키는 것이다.[7] 문면만 본다면 그 주창자인 슈밥의 이론을 충실히 따른 듯하지만, 무려 열네 개 항으로 구성된 4차산업혁명위원회의 기능제2조을 자세히 들여다보면 차이가 더욱 분명히 드러난다. 위원회에 따르면, 정부가 추진하는 4차 산업혁명은 기술개발 지원, 연구개발 성과 창출, 인프라 구축, 전 산업의 지능화를 중심축으로 삼아,

이를 위한 각종 규제개혁과 창업 생태계 조성, 사회혁신, 교육혁신, 지역혁신, 국민인식 제고와 공감대 형성, 사회적 합의 도출, 역기능 대응 등을 수반하는 것으로 되어 있다. 즉 기본적으로 4차 산업혁명을 위한 대대적인 투자를 통해 기술적·산업적 성과를 가시화하는 것이 우선이다.

그러나 슈밥은 저서에서 4차 산업혁명은 이미 시작되었다고 말하며, 어떻게 4차 산업혁명의 파괴와 혁신에 대응할 것인지, 혁신이 공공의 이익을 추구하고 있는지를 더 중요한 문제로 제기한다. 이를 위해 포용적 접근을 제안하는데, 공공·민간의 모든 이해관계자 및 다양한 생태계를 아우르는 협력과 대화를 바탕으로, 현재와 미래 세대까지 생각해서 4차 산업혁명을 어떻게 이끌어나갈지에 대한 긍정적·포괄적인 공동의 담론 개발이 우선이라고 말한다. 즉 포용적인 대화와 협력을 통해 미래 시스템이 반드시 구현해야 할 가치와 윤리적 원칙을 명확히 하며, 이 담론을 바탕으로 비로소 경제·사회·정치 시스템의 개편이 이루어져야 한다는 것이다. 슈밥에게 혁신과 변화의 주체는 과학기술이 아니라 사람·문화·가치이며, 다양한 이해관계자들의 협력만이 4차 산업혁명의 잠재력을 사회문제 해결이라는 긍정적 방향으로 연결시켜줄 수 있다고 본다.[8]

그런 점에서 세계경제포럼이 "초국가적 자본가계급의 이데올로기 장치 가운데 하나"라 하더라도, 단순히 자유방임적 시각으로 시장경제를 옹호하는 것이 아니라, 시장경제의 폐단을 막기 위해 시장에 대한 일정한 규제가 제도화되어야 한다는 입장에 있다는 것은 주목할 만하다.[9] 이는 현재 한국에서 4차 산업혁명을 성공시키기 위해 규제완화나 규제철폐가 필연적인 것처럼 논의되는 상황과는 분명 대비된다고 할 수 있다. 슈밥은 4차 산업혁명이 가져다줄 혜택에 상응하는 사회문제로 불평등을 꼽는다. 4차 산업혁명으로 소비자가 많은 혜택을 받을 것으로 이야기되지만, 4차 산업혁명의 가장 막대한 수혜자는 혁신가, 투자자, 주주와 같이 물적·지적 자본을 제공하는 사람들이라고 지적한다. 그리고 4차 산업혁명이 야기한 대부분의 문제는 노동과 생산 부문에서 발생하므로, 결과적으로는 자본가와 노동자의 격차가 심화된다는 것이다.[10] 자본가와 노동자의 격차는 4차 산업혁명의 수혜자로 간주하는 소비자의 혜택에 대해 의문을 갖게 한다.

이와 관련해 슈밥은 4차 산업혁명의 가장 뜨거운 주제 중 하나인 기계의 등장으로 인간의 일자리가 대체되는 상황을 심각하게 다룬다. 이 일자리 대체 문제는 알고리즘과 로봇기술의 발달 이전에, 대다수 기업이 이미 오래전부터 오프쇼어링 offshoring과 아웃소싱 outsourcing을 위해 업무를 단순화하고 명확하게 정립해온 데에 원인이 있다는 것이다. 그 결과 모니터링이 쉬워지고 업무에 관한 데이터 수준이 높아져 업무 자동화 알고리즘 설계가 용이해졌다고 본다. 요컨대 4차 산업혁명 자체로 기계가 인간의 일자리를 대체한다는 것은 일종의 착시현상이고, 오히려 비용효율성을 높이려는 기업의 경영 방식이 업무 단순화와 같은 인간 노동의 기계화, 자동화 흐름을 이미 조성해왔다는 것이다. 그리고 이런 흐름에 노동자의 이해관계가 반영된 적이 없음을 지적하면서, 오히려 정부와 기업이 정책적 의사결정 방식을 혁신해야 한다고 주장한다.[11] 이와 같이 '노동자 친화성'은 없고 '이용자 친화성 소비자 친화성'만 강조하는 기업전략은 기만적이고 위험한 것일 수밖에 없다. 런던정경대학교LSE 교수 데이비드 그레이버David Graber는 '이용자 친화성'이 노동자 계급의 정치적 요구를 약화시키려 한 냉전체제의 산물이라고 비판했다. 그리고 이런 기업의 경영전략을 벤치마킹하는 정부의 기술산업정책이나 노동정책은 더 위험하다고 경고한다.[12]

따라서 슈밥은 반복해서 임파워먼트empowerment, 권한 부여를 강조한다. 그는 정부와 국민의 관계, 기업과 노동자·투자자·고객의 관계, 강대국과 약소국의 관계 등 모든 관계를 임파워먼트의 문제로 보았다. 따라서 4차 산업혁명을 통한 혁신은 권한을 가진 모든 사람이 스스로를 권력 분배 시스템의 일원으로 인식하며, 협력적으로 상호작용하는 데서 시작되어야 한다고 주장한다. "모든 이해관계자가 자신의 의견을 제시하는 지역적·국가적·초국가적 차원의 지속적인 협력과 대화가 불가능하다면, 우리는 4차 산업혁명의 최종 목적지에 도달할 수 없다. (……) 인간은 협력을 통해 나날이 더해가는 복잡성 속에서도 적응하고, 정치적·경제적·사회적 결합을 강화시킬 수 있다. (……) 다양한 이해관계자가 효율적으로 협력해야만, 4차 산업혁명의 잠재력은 현재 세계가 직면한 주요 문제를 해결해줄 수 있다."[13]

이런 임파워먼트에 기반한 상호 협력은 맹목적인 기술개발과 산업발전이 목적이 아니다. 오히려 그런 기술과 산업이 기여해야 할 공공의 이익, 가치, 규범 등을 정립하는 것이 우선시되어야 한다. 4차 산업혁명이 초래할 근원적이고 전방위적인 변화는 아직까지 예측이 어렵고 불확실한 부분이 많지만, 슈밥은 그 변화를 주도하거나 결정할 권한을 특정 이해관계자 집단이나 정부에 위임하는 것의 불가능성과 위험성을 거듭 경고한다. 이에 모든 이해관계자와 그들의 몫을 배제하지 않는 포용적 대화와 협력으로 4차 산업혁명의 방향을 규범적, 윤리적 차원에서 선제적으로 합의하고 제어해야 함을 강조한다. 초국가적 자본가계급의 이해관계를 대변하는 입장인 슈밥과 세계경제포럼조차 이런 시각으로 4차 산업혁명의 위기관리를 논하는 것은 기존 정부와 기업의 독단이나 일방적인 정책적 의사결정의 불가능성에 대한 인식이 어느 때보다 강하기 때문일 듯하다. 그리고 이것이야말로 한국 정부의 4차 산업혁명 정책이 규제완화와 창업 생태계 형성이를 위한 메이커스페이스 조성을 전면화하면서 묵과하는 것이라 할 수 있다.

현재 정책적으로 대중화한 메이커 운동이나 메이커 문화, 메이커스페이스가 이런 제한적·선택적인 4차 산업혁명 정책에 강력히 구속되어 있는 한, 메이커 문화의 시민사회적 가능성, 즉 현재의 정책적 용법을 넘어선 또 다른 가능성을 상상하기는 어렵다. 리처드 세넷은 장인이 "단순한 기술자를 넘어서 문명을 일으키는 주인공이자 도구들을 공동체를 이롭게 하는 일, 즉 공익에 썼던" 사람들이었음을 환기시켰다.[14] 그들이 단순한 기술자로 전락하고 기술의 쓰임에 대한 정책적 의사결정으로부터 고립된 현실과, 메이커가 그저 창업 예비군으로 간주되는 현실은 다른 것이 아니다. 슈밥이나 세넷은 적어도 이 공익과 그에 관한 정책적 의사결정에서 고립되거나 단절된 과학기술 및 산업발전에 대해 비판적인 입장을 공유한다. 이런 관점의 연장선에서 메이커 운동 또는 메이커 문화에 대한 비판적 실천인 '크리티컬 메이킹critical making'을 살펴보는 것은 의미 있다. 크리티컬 메이킹은 4차 산업혁명을 중립적이고 운명적인 기술·산업 혁명으로 틀 짓는 정책적 접근의 문제점과 그에 대한 비판적 질문에 한 걸음 더 가까이 갈 수 있는 중요한 실천이기 때문이다.

크리티컬 메이킹의 탄생-매트 라토

크리티컬 메이킹은 불과 10년 전에 태동한 용어이자 개념이다. 토론토대학 정보학부 교수인 매트 라토Matt Ratto와 스티븐 호키마Stephen Hockema가 2008년에 대학원 수업에서 공동으로 진행한 실험적 워크숍이 그 모태였다. 당시 두 사람은 지식재산권이나 사생활 침해 같은 비판적인 정보 이슈를 학생들에게 가르치기 위해 아두이노[15]를 사용했다. 손으로 직접 만지고 조작할 수 있는 아두이노의 물질성이 소프트웨어 개발 과정에서 비물질적인 것으로 간주되기 쉬운 정보의 물질성을 환기시키는 데 효과적이라고 보았기 때문이다. 이처럼 '크리티컬 메이킹'은 사회적 이슈에 대한 비판적 사고 및 개념화를 공동제작이라는 물리적 실천과 연결시키는 교육방법론으로 창안되었다. 즉 인간이 세계에 개입하는 대표적 활동 방식인 '비판적 사고critical thinking'와 '만들기making'를 상호 연계시킨 교수법pedagogy으로 탄생한 것이 크리티컬 메이킹이었고,[16] 이후에도 라토는 교육 및 연구의 방법론으로서 크리티컬 메이킹의 정교화와 확장에 힘을 쏟아왔다. 그 과정에서 크리티컬 메이킹은 인문사회과학의 개념적·학술적 연구와 스토리보딩storyboarding, 브레인스토밍brainstorming, 보디스토밍bodystorming, 프로토타이핑prototyping 등의 디자인방법론을 결합시킨 것이라고 정의되기도 했다.[17] 또 다른 글에서는 디자인 분야가 아니라 수학, 기술공학, 과학 등에서 사용되던 구성주의constructionism로부터 영감을 받았음을 언급하기도 했다.[18]

　라토가 설계한 '크리티컬 메이킹'의 과정은 워크숍이나 프로젝트의 주제와 관련된 논문들을 함께 읽고 유용한 개념 및 이론을 수집하는 1단계, 이를 바탕으로 연구자나 학생, 이해관계자 들이 모여 기술적 프로토타입을 함께 디자인하고 만드는 2단계, 그리고 프로토타입에 관해 대화하고 수정하고 반영하는 과정이 반복되는 마지막 단계로 구성된다. 이 반복 과정은 기술적 프로토타입을 가지고 씨름하면서 다양한 디자인과 대안적 가능성을 탐구하고 이를 관련된 개념이나 이론, 모델로 표현하고 비평하며 확장시키는 작업들로 이루어진다.[19]

　가령 라토와 호키마의 초창기 크리티컬 메이킹 워크숍인 〈FLWR PWR〉은 먼저 '벽으로 둘러싸인 정원walled garden'이라는 주제의 예비토론pre-conference에서 출발했다. 워크숍의 주관자가 다양한 연상을 가능케 하는 이 상징적 주제어를 선정한 뒤 참가자들과 인문사회과학 논문을 함께 읽고 토론했다. 참가자들은 토론 과정에서 엄격하게 통제된 정보들을 파싱parsing[20]하는 소규모 온라인 커뮤니티들에 관해 의견을 나누면서 '벽을 없애는' 인터넷이라는 이미지를 집단적으로 연상해냈다. 그리고 이 이미지와 관련된 비판적 학술연구들을 다시 탐색함으로써 정보의 선물경제gift economy, 정보 공유지information commons, 정보 이웃neighborhoods 등의 개념을 추출해냈다. 이 개념들은 워크숍의 공동제작 과정에서 정보교환 행위를 규정하는 개념적 자원이자, 소프트웨어 및 하드웨어 개발의 견인차로서 기능했다. 즉 거듭되는 학습 및 토론 과정을 거치면서 참가자들은 아두이노와 수공예적 재료종이컵, 스티로폼, 카드보드지 등를 사용해 전기꽃flwr을 만들고, 이 꽃들이 적외선 패턴에 따라 서로 '대화'하듯이 반응하면서 에너지를 주고받도록 프로그래밍하는 작업을 진행했다.

그러나 이 워크숍의 요체는 공동제작된 전기꽃들의 정원이 아니라, 물질적·개념적 탐구 과정으로서 만들기 실천 자체였다. 라토에게 크리티컬 메이킹의 궁극적 목표는 다른 사람들을 위해서 물건을 만들어 보여주는 것이 아니라, 만드는 사람들 자신이 새로운 경험과 인식을 갖게 하는 것이다. 이에 기술교육이나 과학교육의 전유물처럼 인식되어온 만들기 경험이 근대사회의 기술적 문제들을 다루는 핵심전략으로 도입된 것이다.[21] 이때 중요한 것은 혼자서가 아니라 다른 사람들과 함께 이 모든 과정을 공유하며 수행한다는 것이다. 크리티컬 메이킹은 어디까지나 집단적이고collective 협력적인collaborative 방법론으로 고안된 것이었다. 이 세계 속에서 아직 사회문제로 인식되거나 규정되지 못한 다양한 문제를 찾아내 정의하고, 그 해결을 위한 집단적 틀을 개발하는 과정은 고독한 학자나 기술자의 역량을 넘어서기 때문이었다.

그런데 라토에게 '비판적 사고'와 '만들기'를 통합시켜야 하는 실질적인 필연성은 어디에 있었던 것일까? 라토가 열거한 통합의 이유는 첫째, 비판적 사회과학연구가 기술을 지나치게 구조적인 관점에서 다룸으로써 배태되는 약점을 극복하는 것, 둘째, 기술에 대한 사회적 상상력을 변화시킬 통합된 자원 및 집단적인 기술경험을 창출하는 것, 셋째, 기술연구가 분과학문 체제 내에서 고립적으로 수행됨으로써 초래되는 한계를 극복하는 것이었다.[22] 여기에는 비판적 사회과학연구에서의 기술결정론에 대한 반성적 인식이 관통하고 있다. 즉 라토는 비판적 사회과학연구에서 기술결정론적 입장이 낙관론이나 비관론의 형태로 강력하게 작동하고 있으나, 이런 기술결정론은 우리의 실제 기술경험을 반영하지 못한다는 근본적인 문제의식에서 출발했던 것이다. 그래서 기술에 관한 물리적 경험인 만들기를 통해 비판적 사고를 보충하고 확장시키려고 했으며, 그 위에서 우리의 기술경험을 다시 사회적·개념적인 비판 활동과 연결시키려 했던 것이다.[23]

메이커 문화에 저항하는 크리티컬 메이킹–가닛 허츠

한편 캐나다 에밀리카대학교Emily Carr University of Art and Design 교수로서 비판이론을 연구하며 미디어 아티스트로 활동하고 있는 가닛 허츠Garnet Hertz는 라토의 크리티컬 메이킹 개념을 더욱 급진화해 그간의 메이커 운동이나 메이커 문화에 대한 비판적 개입의 근거이자 무기로 재설정했다. 허츠는 크리티컬 메이킹이 기술개발자들, 즉 해커, 엔지니어, 산업디자이너, 기술지향적 예술가 들에게 기술적 디자인에 각인되어 있는 전제나 가치를 되돌아보고 반성하는 데 유용한 개념이자 방법이라고 정의했다. 특히 허츠는 이런 반성적 접근이 아두이노와 같은 오픈소스 하드웨어, 해커스페이스, 저렴한 개인용 3D프린터, 잡지

165

《메이크》와 같은 출판물 등에 힘입어 2000년대 들어 크게 증가한 메이커 커뮤니티들에게 꼭 필요하다고 주장한다. 허츠가 보기에 메이커 문화는 탈정치화된 해킹에 다름없다. 그는 《메이크》를 창간하고 〈메이커 페어〉를 연 데일 도허티와 같은 사람들이 해커 언더그라운드의 전통을 제거하고 시장 친화적인 메이커 운동을 가공해냈다고 비판한다. 그런 까닭에 허츠는 크리티컬 메이킹이 메이커 문화에 비판적 감각을 회복시켜주기 때문에, 메이커 문화를 건전하고 유순한 것으로 길들이려는 흐름에서 구해내 재정치화하는 전략으로 유용하다고 여겼다.[24]

허츠에게 크리티컬 메이킹의 진지는 문화적 생산과 인문학적 질문을 결합한 실험적인 미디어 아트, 비판적으로 개입하는 산업디자인, 컴퓨터공학의 상호작용 연구, 비판적 기술실천, 비판적 디자인, 반성적 디자인 등이었다. 특히 허츠는 라토가 창안한 크리티컬 메이킹이 비판적 디자인과 공통점이 많다고 봤다. 비판적 디자인은 영국의 디자인 듀오 앤서니 던Anthony Dunne과 피오나 라비Fiona Raby가 대중화시킨 개념으로, 제품이란 사용자에게 기능적 편안함과 안락함을 제공하는 것이라는 산업디자인의 고정관념에 도전하는 시도였다. 따라서 비판적 디자인은 산업디자인의 프로토타입 제작을 산업디자인에 반하는 방식으로 수행하는 전략을 취했다. 그들이 만드는 프로토타입은 전통적인 산업디자인의 원칙과 관습에 질문을 던지는 방식으로서, 상품 사용자가 사회규범에 대해 질문하고 디자인 자체를 토론하고 비판하게 하는 것이었다.

이런 공통점에도 비판적 디자인과 크리티컬 메이킹은 같은 것이 아니다. 허츠가 보기에, 비판적 디자인은 어떤 형태로

든 물건을 만들어내는 데에 집중하는 반면, 라토의 크리티컬 메이킹은 제작 과정에 중심을 두기 때문에 만들어진 물건은 그 과정의 부산물이거나 잉여에 불과하다는 점, 그 과정은 연구자 중심으로, 학문적인 질문과 토론을 중심으로 돌아간다는 점이 특징이다. 허츠는 이런 비교를 통해 크리티컬 메이킹이 기술공학과 소비문화 사이의 나쁜 관계, 즉 기술공학이 효율성이나 생산성과 같은 비인간적·반문화적 가치에만 집중함으로써 과잉노동, 과잉생산, 과잉소비를 조장하는 소비자 중심 문화에 기여해온 악순환에 도전하는 방법이 될 것이라 생각했다.[25]

2012년에 허츠는 《크리티컬 메이킹》이라는 잡지를 수제작해 발간했다. 이 독립잡지는 "《메이크》의 표준화된 차례로는 DIY 문화의 정치적 측면들을 진지하게 담아낼 여지가 전혀 없다."는 인식에서 발아했다. 또 하나의 직접적 계기는 2012년 유명 해커 미치 올트먼Mitch Altman이 행한 공개선언이었다. 올트먼은 ⟨메이커 페어⟩가 미국방위고등연구계획국DARPA의 지원금을 받는 것에 격렬히 반대하며, 페어가 미군의 기술적 우위를 명분으로 실질적으로는 군수업체의 이익 창출에 기여하는 기금을 받는 한 자신은 페어에 관여하지 않겠다고 선언했다.[26]

이 올트먼과 허츠가 의기투합해 "메이커 문화의 사회적·문화적 측면을 토론할 수 있는 새로운 출판물"을 만들자고 논의하면서 《크리티컬 메이킹》 잡지가 만들어졌다. 허츠가 보기에 《메이크》는 메이커 운동의 대중화에 혁혁한 공을 세웠지만, 어디까지나 소비자 친화적인 방식으로 메이커 운동을 길들이고 정화시켰다. 그 결과 허츠가 메이커 운동의 핵심으로 생각한 것들, 가령 해커의 작업이나 정치적인 전술미디어tactical media, 소비자 친화적인 전자제품들의 기술적 암흑상자를 열어 젖히는 서킷벤딩, 역사적 개입에 관심을 두는 미디어 고고학 media archeology 등은 깨끗이 배제되었고, 메이커 운동은 정치, 경제, 역사, 사회적 이슈, 행동주의가 거세된 진공상태에 놓이게 되었다는 것이다.[27]

요컨대 《크리티컬 메이킹》은 《메이크》로 집약되는 메이커 운동 전반에 대한 대안적 실천이었다. 따라서 《크리티컬 메이킹》은 기술공학과 소비문화의 관계를 비판하는 입장에서 펑크 punk적 전통을 계승한 DIY 출판 모델로 제작되었고 상품으로 판매되지 않았다. 이런 출판 방식은 허츠가 메이커 운동을 "전자기술 DIYeleetronic DIY"라고 별칭하며 DIY 문화의 비판적 전통 속에서 포착하려는 입장과, 이 전자기술 DIY 분야가 광범위한 제도들군대, 정부, 기업, 교육제도 등과 연결되어 있다는 경험적 성찰의 반영이었다고 할 수 있다. 무엇보다도 이런 출판 전략은 크리티컬 메이킹이 기존의 메이커 운동을 어떤 정치적 전통 및 실천 속에 위치 지우려 하는지를 함축적으로 담은 것이라 해도 무방하다.

메이커 문화의 종언 또는 탈환-DIY 민주주의

2017년에 허츠는 다시 수제작한 소책자를 발간했다. 『불복종의 전자기술: 항의Disobedient Electronics: Protest』라는 이 책자에서 "메이커 문화의 유행은 끝났다. 아두이노와 3D프린터는 매력적이지만, 앞으로는 메이커 문화가 인간이나 사회에 어떤 의미를 가질 것인가라는 더 큰 이슈가 다루어져야 한다."고 선언했다.

즉 이제 아두이노와 3D프린터로 대변되던 메이커 문화를 끝내야 한다는 공개 성명이었다. 대신에 허츠는 "전자기술로 사물을 만드는 일은 사회적 주장과 정치적 항의를 위한 효과적 형식"이라 말하며, '전자기술 DIY'가 정치적 항의의 형식이 되어야 함을 역설한다. 여기에는 최근의 정치적 상황에 대한 절박한 인식이 작동하고 있다. "현재의 포퓰리즘적인 우파 운동ㅂ렉시트, 트럼프, 르펜"과 가짜 뉴스가 횡행하는 "진리 이후의 시대post-truth time"라는 시대 진단으로부터, 허츠는 소비문화에 협력하는 메이커 문화에 종언을 고하고 이를 좀 더 사회적이고 정치적 방식으로 재규정할 것을 제안한다.[28]

이보다 앞서 라토는 2011년에 발생한 '월가 점령 운동Occupy Wall Street Movement'을 "DIY 정치행동"이라 규정하고, "DIY 민주주의DIY democracy"를 주장하는 논의들을 조직화했다. 라토는 월가 점령 운동에서 보듯이, 네트워크화된 개인주의가 새로운 형태의 사회운동과 실천인 수평적이고 참여적인 직접민주주의를 만들어내고 있다고 진단한다. 따라서 이런 시대적 변화에 부응해 자신의 크리티컬 메이킹 개념을 더욱 적극적으로 사회적·정치적 맥락에서 다시 정립하면서, '만들기' 자체를 '비판적 활동'이라 정의하게 된다. 라토에게 비판적 활동이란 "지배체제나 권력기관에 개입할 가능성을 제공하고 그런 권력이 사회기반시설, 제도, 공동체 등을 통해 어떻게 구성되는지를 성찰할 수 있게 해주는 활동"이다. 그가 보기에 이미 곳곳에서 부상하는 '비판적 메이커critical makers' 공동체나, 온라인과 오프라인을 넘나드는 정치활동가들은 'DIY 시민DIY citizens'에 다름없으며, 월가 점령 운동에서 보여준 수평적 리더십과 합의 과정은 그 자체로 새로운 풀뿌리 민주주의, 즉 참가자들이 자기 손으로 직접 대안적인 사회적 가치나 규범을 창출하는 'DIY 민주주의'였던 것이다.[29]

DIY는 1960년대 반문화운동에서 유래하는데, 스티브 잡스Steve Jobs가 그 세대의 '바이블'이었다고 칭한 스튜어트 브랜드의 《전 지구 카탈로그》가 그 초석이 되었다. 브랜드는 당시 미국 산업사회를 생태적·사회적 차원에서 정의롭게 변혁시키려는 분위기가 고조되고 있다고 믿고, 1960년대 초부터 트럭에 온갖 DIY 도구들과 제품들을 싣고 일종의 이동도서관을 겸하며 찾아가는 교육을 실천했다. '전 지구 트럭상점Whole Earth Truck Store'이라 불린 이 DIY 교육 투어가 1968년에 "도구에 접속하기access to tools"라는 슬로건을 내걸고 방대한 제품들, 예컨대 옷, 책, 기계, 씨앗 등을 소개하고 품평하는 수·제작의 독립출판물로 이어졌던 것이다.[30] 1980-1990년대에 주류 미디어에 대항하는 문화생산 전략이었던 독립잡지들은 이 《전 지구 카탈로그》를 계승한 것으로 평가된다. 동시에 이런 DIY 문화의 유산은 예술과 정치의 경계를 무너뜨리면서 '수공예 행동주의'와 같이 수공예품의 자가제작을 통한 새로운 정치적 저항 양식을 낳았다.

라토는 이러한 DIY의 역사적 기원을 환기시키면서, 다른 한편으로는 'DIY 시민권DIY citizenship'과 DIY 민주주의의 이론적 정립을 위해, 정체성 형성에서 자기결정권을 강조하는 존 하틀리의 DIY 시민권 개념을 비롯해, 독일 철학자 위르겐 하버마스Jürgen Habermas의 '공론장public sphere' 개념, 미국 작가 마이클 하트Michael Hardt와 이탈리아 철학자 안토니오 네그리Antonio Negri의 '다중multitude' 개념 등을 비판적으로 검토한다. 그것을 바탕으로 라토는 랑시에르를 따라 DIY 시민권을 "정치적 목소리를 갖지 못한 '몫이 없는 자들'을 배제하는 정치구조에 도전하는 (……) 예술과 정치의 혼합물hybrid 또는 정치시학political poesis"이라는 의미로 재가공해낸다.[31]

따라서 비판적 활동으로 재규정된 '만들기'는 그냥 혹은 재미로 만들기에 몰두하는 행위가 아니라, 의식적으로 사회 변화를 위해서 만드는 것이다. 그것은 기술을 통한 혹은 매개로 한 사회 참여와 정치 참여를 실천하는 "소셜 메이커social makers"이기를 요청하는 것이다. 스티브 만이 감시기술의 헤게모니하에서 노예 상태로 전락한 인간을 해방시키기 위해 기술의 암흑상자를 개봉하는 기술적 개입 활동을 특정해 '제작 행동주의Maktivism'라는 합성어를 주조해낸 것도 이런 맥락이라 할 수 있다.[32] 이들에게 '메이커'는 곧 '액티비스트activist'이다.

점점 더 기술의 영향력이나 결정력이 인간의 삶을 압도하고, 기술발전이 기술의 암흑상자를 더욱 강력하게 봉인하는 형태로 전개되는 현대의 기술관료 사회에서 '이용자 친화성'에 길들여진 기술소비자들이야말로 또 다른 '몫이 없는 자들'일 수 있다. 크리티컬 메이킹이 "기술에 관한 사회적·정치적 의사결정에 민주적인 시민 참여가 어떻게 가능할 것인가"[33]라는 미국 기술철학자 랭던 위너Langdon Winner의 질문을 절실하게 소환해내는 이유이다.

제작 문화와
회색상자로서의 키트[1]

언메이크랩

아티스트 그룹 최빛나, 송수연

언메이크랩은 정보기술사회의 이행에서 파생되는 질문과 문제의식을 제작의 방식으로 접근하는 것에 관심이 있다. 활동에서 교육프로그램의 목적으로 진행하고 있는 기술·제작 워크숍은 잘 만드는 것이 주가 아니다. 워크숍에서 함께 다루는 도구나 재료들이 하나의 미디엄medium, 예술 표현의 수단이 되어 참여자 스스로 질문을 만들고 견해를 가지며 인식을 넓히고 지식을 구축해가는 과정을 중요하게 생각한다. 이런 과정의 설계는 이번 주제로 가져온 '회색상자로서의 키트'라는 사물이 지닌 속성과 닮은 꼴이기도 하다. '키트kit'는 단순히 제품의 완성으로 끝나지 않고, 이용자의 생각과 경험으로 완성되는 사물의 가능성을 가지고 있다. 일반적으로 키트는 교육을 위한 하나의 교구나 교재, 놀이용 완구 등으로 알려졌지만 키트를 제작 문화의 역사와 연결해서 살펴보면 기술사적이나 문화적으로 많은 의미와 비평적 질문을 담아내고 있음을 확인할 수 있다.

산업사회에서 생산된 아날로그 키트는 정형화된 제품의 형태로 출시된 경우가 많다. 만들었을 때 사용자의 만족도를 위해 누구나 완성하기 쉬운 단일한 방식을 택했기 때문이다. 또한 생활에서 접하는 기술적·기계적 메커니즘을 사용자가 직접 재현하거나 경험할 수 있도록 제작되었다. 대표적인 키트는 1970-1980년대 다수의 학생이 경험했던 '라디오 키트'다. 라디오는 과학기술문화사에서 큰 상징적·역사적 의미가 있는 미디어로, 라디오를 통해 전자공학에 대한 기술적 인프라가 축적되었고 지금의 정보통신기술의 바탕을 이루는 원형을 담고 있는 사물이다. 라디오 키트는 실용적 목적뿐 아니라 전자회로에 대한 기본 원리를 이해할 수 있어서 제작의 난이도에 따라

173

키트 형태의 제품으로 제작, 유통되었다. 이런 특성은 국내의 1970-80년대 성장해가는 전자산업 환경 속에서 스스로 원하는 것을 만들어가며 자작자가제작 문화 층을 형성했고, 이용자 경험은 확장되어 동호회 같은 커뮤니티를 형성하게 된다. 현재는 정보기술사회에서 창작자와 제작자가 많이 증가하면서 직접 프로토타입으로 기획하고 만들어내는 키트들이 디지털과 결합하면서 기존의 아날로그 키트와 다르게 메타적 도구로 접근하는 과정을 흥미롭게 볼 수 있다. 이는 이용자를 능동적 주체로 만드는 키트의 매개적 장점을 잘 활용하고 있다는 점에서 이전의 키트와 차별점을 지닌다. 마이크로컨트롤러Microcontroller[2]와 센서로 구성된 스타터 키트Starter Kit 또한 매뉴얼에 따라 다양한 제작기술을 경험할 수 있고, 이용자가 사용의 자유도를 축적하면 다양한 접근과 활용을 할 수 있다. 예전과 다르게 키트를 매개로 기술의 확장성과 파생성이 더 커지고 있는 것을 보면 키트 문화의 새로운 도약이 예측된다. 또한 지금의 정보기술 시대와 연결될 수 있는 교육 콘텐츠가 부족한 상황에서 새로운 교구와 교재 개발이 필요하고 이런 흐름에 맞춰 교육 키트를 기획하고 개발하는 교육가, 개발자, 디자이너, 예술가 들이 늘어날 것이기에, 이들이 가질 키트에 대한 다양한 관점과 해석, 자세 또한 기대된다.

앞으로도 지속될 '키트'에 대한 연구는 만들기 키트가 개인의 자작 문화, 기술 문화와 연결 고리가 크다는 점에 의미를 두고 있다. 특히 오랜 기술의 역사가 녹아 있는 해외 키트의 패러다임과 다르게 국내 키트 문화는 국가의 과학기술정책 진흥과 함께 시작되거나, 해외의 키트를 복제·조립·변형·제작한 기술적 사물로 생산·유통·이용·확산·공유되는 과정을 지닌다. 이 과정을 추적하는 것은 기술문화사와 지금의 제작 문화에서 중요한 의미가 될 것으로 기대한다. 또한 키트라는 사물이 지닌 과학적·공학기술적·문화적·예술적 접근의 맥락을 더 상상해보고 실행적 프로그램을 만들어보는 것은 지금 정보기술사회에서 필요한 새로운 사고의 확장과 배움을 실천할 수 있을 것으로 예측된다. 이는 지금의 기술 기반 제작 문화에서 필요한 키트의 조건과 가능성에 대한 실천이기도 하다. 이런 과정을 거쳐 이전의 '자작 문화'와 현재의 '기술 기반 제작 문화'를 키트로 매개해보며 그 안에서 현재 '메이커 운동'의 근간을 반추해보려는 시도가 지금 진행하고 있는 키트의 연구에 담겨 있다.

키트를 기술사의 맥락에서 주제화하고, 재의미화·재해석하는 과정에서 작성한 이번 글은 더 추가적인 연구 과정과 정리할 내용이 남아 있음을 밝힌다. 앞으로도 한국의 키트 문화 연구는 계속될 것이며, 이 책에서는 제작 문화에서 키트의 의미, 국내 키트 문화의 흐름을 짚어보는 내용으로 구성했다.

제작 문화에서 키트의 의미

'키트'는 일반적으로 부속품과 그것을 조립할 수 있는 매뉴얼로 이루어진 패키지다. 키트는 만질 수 있는 도구이자 공학과 과학, 기술에 대한 지식을 연결하는 좋은 매개체이기도 하다. 또한 키트는 미완의 만들기 템플릿으로 '땜질Tinkering' 혹은 '창작·제작Making'을 기반으로 거대과학, 공학기술을 개인 자작 문화와 연결하는데, 그 자체로 기술문화사에서 독립적으로 다룰 수 있을 만큼 다양성을 지닌다. 실용적 소유를 목적으로 하는 '반제품 키트'부터 부품과 재료의 조립 과정을 통해 사물의 작동 원리나 구조를 이해하는 '조립 키트', 생각을 개입하고 자신의 사고를 실험할 수 있는 '메타적 성격의 키트', 취미 문화를 기반으로 하는 '프라모델 키트'에 이르기까지 시대의 사회상과 기술사와 활발하게 교류한다.

지금의 메이커 문화에 대한 관심, 대중화와 함께 다시 실용적·교육적 목적으로 많은 키트들이 생산 및 유통, 판매되고 있지만 기술사나 문화사에서 제대로 다루어진 적이 없다. 특히 한국의 경우 1960년대 말 기술입국立國을 위한 과학 열기 속에서 생산 분야의 기능공 양성을 위한 교육적 목적의 키트를 시작으로 전자 과학 조립 키트의 유행, 취미 문화, 교구로서의 키트 문화로 이어졌지만, 이런 흔적을 청계천 전자상가 일대, 과학기술 잡지, 키트 사용자 구술에서 발견할 수 있을 뿐, 아직 체계적인 연구의 모습은 찾을 수가 없다.

1960-1980년대에 발행된 과학기술 잡지[3]를 보면 청계천, 종로 일대에 많은 과학 교구사와 기술학원이 존재했고, 청계천 일대의 전자 부품 유통점에서는 각종 반제품과 전자 조립 키트를 판매했다는 것을 알 수 있다. 당시 학생들을 대상으로 판매된 조립 키트의 테마는 빛, 소리, 움직임, 시간, 통신, 전력, 라디오, 모형 등 다양한 기술적 주제를 포괄한다. 키트 안의 설명서들은 다시 각종 제작기술서로 정리되어 유통되었고, 잡지에 소개된 최신의 과학 정보와 제작 방법, 제작기술서는 학생들에게 과학적·전자적 상상력을 키우는 지침이 되었다. 이런

문화의 흐름은 지금 정보기술 기반의 제작 문화에서도 비슷하다. 지금의 제작 문화에서 핵심 미디엄인 각종 마이크로컨트롤러와 센서, 액추에이터작동기로 구성된 스타터 키트가 교육용 또는 시제품으로 제작·판매되어 이용자의 제작기술 경험을 확장한다. 그리고 사용 경험과 과정을 공유하는 오픈소스 웹사이트, 제작 튜토리얼 영상, 메이커 커뮤니티들은 과거의 제작 공간, 그 속에서 이루어진 교류, 키트와 서적들을 대신하며 현재의 제작기술 문화의 생태계를 이루고 있다. 키트 이용자 경험이 성장하면서 제작자와 창작자로 변환되는 과정, 키트를 매개로 한 기술적 정보와 도움, 아마추어 이용자 진입, 다양한 촉각적 경험 및 지식과 정보의 전수, 공유, 유통의 역사는 이전의 자작 문화와 함께 현재 메이커 운동의 근간을 반추할 수 있다.

이처럼 키트라는 사물은 기술 문화에서 다층적 매개 가능성을 가진다. 키트는 제품의 완성으로 끝나지 않고, 이용자의 생각과 경험으로 완성되는 사물, 즉 지식을 재구성하고 재구축한다는 점에서 다양한 사회 문화적 층위와 기술적 대상들과 결합할 수 있다. 또한 기존의 완제품이 원리나 구조를 들여다볼 수 없는 '암흑상자'라면, 키트는 원리를 이해하면서 조립하고 만들 수 있는 '회색상자'라는 면에서 과학적 지식, 기술적 접근 방법, 공학적 사고를 매개하는 사물이기도 하다. 이뿐 아니라 조립 과정과 만들기를 통한 이용자 경험은 제작 문화의 생태계를 형성한다. 이런 특징은 키트라는 형식이 지속해서 생명력을 얻는 속성이기도 하다.

기술입국과 사이언스 키드 그리고 키트

해외의 키트는 기술의 변천사와 함께 다양한 패러다임이 구축
되었으나 한국의 경우 취미나 교육의 용도로 제작된 것이 대부
분이고 일본과 미국의 복사본이 많다. 키트가 실물로 남아 있
거나 이미지로 잘 기록된 자료가 없기 때문에 키트를 매개로
한 문화적·기술사적 내용은 문헌을 통해 추적하거나 이용자들
의 경험과 기억을 재구성하는 수밖에 없다.

　국내의 키트 역사는 정부의 과학기술정책에서 근간을 찾
아볼 수 있다. 1962년 경제개발 5개년 계획과 함께 전개된 과
학기술정책은 경제개발을 위한 동력으로의 기술이라는 관점
에서 추진된 측면이 강하다. 즉 경제개발을 위한 기술 인적자
원 만들기와 산업화를 위한 기술 수준의 향상이 그 주요 목적
이다. 이런 기조 아래 과학기술처가 1967년 4월, 한국과학창의
재단의 전신인 한국과학기술후원회가 같은 해 12월에 창립되
는 등 체계적으로 과학기술 발전을 위한 기관이 하나둘 설립되
었다. 이와 함께 사회적으로도 '전 국민의 과학화 운동'과 맞물
려 공개과학교실, 과학전람회, 전국기능경기대회 등이 열리고
전문가로 구성된 '과학기술봉사단' 등이 조직되었다. 또한 문화
적으로도 전문적인 과학자와 과학도를 위한 잡지 《과학세기》
가 1964년 9월에 창간되고, 이듬해에 청소년을 위한 잡지 《학
생과학》이 창간되는 등 본격적으로 과학기술이라는 단어가 생
활에서도 자리 잡게 된다. 1969년 우주선 아폴로11호의 달 착
륙은 한국의 과학 문화에도 큰 영향을 준 사건이었다. 아폴로
11호 우주인들의 24개국 순방 계획에는 한국도 포함되었는데,

당시의 과학에 대한 낙관적 분위기는 미래의 과학자를 꿈꾸는 '사이언스 키드' 세대를 형성하기도 했다.

기술입국정책과 관련해 여러 가지 과학진흥정책이 수행되었고 과학교육의 중요성도 강조되었는데, 그중 키트와 관련해 흥미롭게 남아 있는 자료는 1972년 10월 25일-11월 3일 국립과학관에서 열린 〈과학공작품 및 과학완구 전시회〉이다. 이 전시회에는 우리나라의 과학기술 풍토 조성을 위해 국내 생산업체 및 개인이 출품한 공작 키트 100여 점과 과학완구 50여 점, 교육용 모형 및 이화학기기理化學機器 200여 점이 전시되었다. 이와 함께 선진국에서 만든 공작 키트 100여 점을 따로 마련, 함께 전시함으로써 비교 관람이 가능했다. 상당히 크게 치러질 듯이 언론에 소개된 것과 달리 전시회를 세밀하게 취재한 기록은 거의 찾을 수 없어 실제로 어떤 키트가 소개되었는지 정확히 알기가 어렵다.

그러나 이 전시의 주요한 두 가지 목적, 과학기술 풍토 조성을 위한 일반인의 관심 환기와 교육용 모형이나 실험 기구가 부족한 학생들에게 소정의 학습효과를 바라는 대목에서 아직 키트의 대량 생산이 이루어지지 못했음을 파악할 수 있다. 또한 촉각적 조립 단계를 거치며 사용자가 배우고 만들어가는 교육과 취미생활의 일환이라기보다 증기기관, 내연기관 모형, 우주탐험 로봇, 헬리콥터, 우주선 등 도달하고 성취해야 할 기술을 담아 키트로 표현했음을 알 수 있다. 이것은 초기 키트가 가진 면모인 '기술 기능공의 양성'이라는 목적지향적 교육과 결합하고 있음을 짐작하게 한다. 또한 전시회를 통해 입상한 회사 관련 기록을 살펴보면 합동과학교재사, 대동과학보급사, 삼화

완구공업, 삼일과학사, 광명이화학기기제작소 등 당시 소규모 과학사, 공업사 등이 부족한 생산시설에도 학습교구 등을 생산하고 있었다.

이처럼 초기에는 국가 주도로 과학기술교육을 위한 과학완구 개발에 박차를 가하는 방식으로 전개되었는데, 1976년 구로구 가리봉동 한국수출산업공업단지 안에 만들어진 과학교구공사의 건립에서도 짐작해볼 수 있다. 유니세프UNICEF와 정부의 지원으로 5억 원 예산을 들여 건립한 이곳은 "질이 낮고 표준화되지 못한 일선 학교 교구를 개선해 아이들에게 과학하는 태도와 능력을 길러주는 것이 목적"이라고 밝히고 있다. 공사의 건립을 전하며 「과학 교재 교구의 보급 전망과 현황」을 다룬 1976년 5월 《과학교육과 시청》 특집 기사에서도 이런 면모는 잘 드러나는데, 종전의 과학교육에서는 학생들이 피동적이어서 창조나 개척 정신을 기를 수 없을뿐더러 "정부가 추진하는 중화학공업의 육성을 위한 전 국민 과학화 운동에도 큰 장애 요인이 된다."라는 글이 등장한다. 즉 한국 키트 문화의 시작은 기술입국이라는 경제발전을 위한 기술 추동, 그것을 위한 전 국민의 과학화정책과 떼어놓을 수 없다. 많은 사람이 경험하고 현재도 꾸준히 출시되고 있는 '과학상자' 역시 1982년 국가 특정연구개발과제로 선정되어 한국기계연구소와 제일정밀이 공동으로 개발해 각 학교에 보급하기 시작한 키트인데, 키트의 사회사에 국가 주도의 개발과 보급이라는 양식은 키트의 역사에서 빠뜨릴 수 없는 시스템이었다.

끝

텔레비전과 라디오 키트

기술사에서 중요한 미디어로 텔레비전과 라디오를 빼놓을 수 없다. 회로기술과 통신기술이 집약된 두 사물의 발명과 기술적 진화는 대량 생산 유통과 함께 기술산업의 가속화를 이루었다. 지금은 아날로그 방식에서 디지털 방식으로 전환되면서 컴퓨터와 함께 내부를 들여다보기 어려운 대표적인 암흑상자가 되었지만, 이 기술의 진보는 발명 이후 많은 기술 애호가의 노력과 기술 공유를 통해 대중화되었고 키트의 흔적을 담고 있다.

1950년대 초부터 수입되었던 텔레비전은 1966년 금성사LG 전자의 전신와 일본 히타치日立 제작소의 기술제휴로 만든 19인치 흑백 텔레비전 'VD-191'로 국산화 시대를 열게 된다. 1969년부터 진공관식에서 트랜지스터식 텔레비전으로 바뀌면서 생산업체와 함께 생산 규모가 증가한다. 생산 증가와 함께 흥미로운 것은 당시 텔레비전은 메이커 완제품과 함께 키트의 형태로 청계천 전자상가광도백화점, 아세아전자상가, 세운상가에서 판매되었다. 전자상가에서 자체적으로 제작한 키트는 회로 기판과 들어가는 부품을 모아놓은 형태이다. 당시는 금성과 삼성에서 출시된 트랜지스터식 텔레비전의 프린트 기판과 기본 회로도가 과학기술잡지에 부록처럼 첨부될 만큼 제작 방법이 공개되던 시대였다. 텔레비전 키트에 대한 지면 광고를 보면 "과거 텔레비전 키트의 문제점을 완전히 해결한 텔레비전 키트" "타 제품이 시도하지 못한 새로운 회로 방식" 등 기능의 향상과 손쉬운 조립을 강조하는 문구가 많다. 이는 오픈된 기술이 청계천 전자상가 일대에서 각자의 방식으로 발전하고 상호 연결되어 있음을 의미한다. 반제품 형태의 텔레비전 키트뿐 아니라 고가의 전축 앰프 키트, 라디오 키트 또한 산업적 측면에서 함께 시작되었고 실용적 용도로 판매되었다. 직접 만들 수 있는 이런 키트는 기존의 전자 메이커 완제품에 비교해 가격이 저렴했고, 전자산업의 성장기에 사람들에게 원하는 것을 스스로 만들고 직접 수리할 기회를 제공했다. 지금은 전자제품과 기구들이 고도로 암흑상자가 되고 부품 자체가 수리보다는 교체 가능한 모듈로 이루어져 개인이 제품을 수리한다는 것이 점점 불가능하다. 반면 당시는 완제품화 되지 않았던 조립 키트를 통해 원리와 구조를 알아가면서 만들고 수리할 수 있었다. 또한 텔레비전와 함께 기술문화사에서 상징적 의미가 있는 사물이자 미디어인 라디오도 키트 문화에서 빼놓을 수 없는 중요한 요소이다.

라디오 키트는 전기·전자 회로의 기본 원리를 이해할 수 있어서 교육용 키트로 수없이 제작되었는데, 한국 역시 전자산업의 부흥을 꾀하며 청계천 전자상가 일대와 동네 문방구, 과학사, 전파사를 중심으로 판매되었다. 호기심을 가진 초·중·고 학생들은 '교양 및 취미기술서'를 보며 라디오 키트를 이용한 경진대회까지 참여한다. 1970-1980년대 당시 《라디오와 모형》 《학생과학》 잡지 등의 '제작취미기술서'는 라디오 키트와 함께 자작 문화를 매개하는 중요한 미디어였다. 이와 함께 또 주목할 것은 학생들이 참여한 각종 경진·경연 대회이다. 1969년, 1,600원에 납품되는 2석¹석이란 라디오 제품에 트랜지스터 한 개를 사용한다는 뜻 라디오를 조립하는 〈라디오조립경연대회〉가 '한국정밀기기센터'에서 개최되었다. 그 뒤로 키트를 다루는 경진·경연 대회는 과학기술의 생활화 및 창의력과 탐구 정신을 함양시켜 과학기술에 흥미를 갖게 한다는 목적 아래 다양한 행사로 이어진다. 이렇듯 어린이와 청소년이 다루었던 라디오 키트의 경험뿐 아니라 아마추어 무선 제작자들의 활동을 통해 라디오와 전자공학에 대한 기술적 인프라가 축적되었고, 그 정보가 유통되고 실험되는 커뮤니티가 만들어지기도 했다. 지금의 정보통신기술의 바탕을 이루는 라디오와 텔레비전 기술의 축적에는 키트를 매개로 한 개발과 유통, 기술적 교류와 실험들이 함께했다.

또한 텔레비전과 라디오가 생활의 중요 필수품이 되면서 이런 전자 매체를 제작, 수리하는 '수리공'이라는 직업의 출현 또한 흥미롭다. 종로 일대에 텔레비전, 라디오 기술 학원한국텔레비전기술센터, 한국텔레비전기술학원, 중앙텔레비전기술학원 등이 있었고, 이곳에서 전파사, 전자기기 공장 취업도 알선했다. 금성사 전자부에서는 『금성 트랜지스터 텔레비전 기술교과서』를 발간했다. VTR, 텔레비전 고장 수리를 위한 일종의 서비스맨 안내책자로 텔레비전 원리, 수신기 구성, 전원/음성/브라운관 회로, 안테나의 설치, 고장수리법 등의 내용을 담고 있다. 이런 기술서적은 취업 목적과 함께 이용자가 알아야 할 기본 원리와 메커니즘을 전달했다. 이러한 흐름을 통해 키트 문화가 실제 사물을 소유하기 위한 실용성과 함께 먹고사는 취업 문제와 연결되었음을 알 수 있다. 또한 산업적 확산을 위한 매개적 개방성을 가진 사물로 초기 전자제품이 지닌 스스로 조립하고 수리하기를 유도하는 성격은 이후 전자 자작 문화와도 연결되었을 것으로 짐작된다.

예전의 라디오와 텔레비전 키트가 가졌던 초기의 기술적 개방성은 1980년대 개인용 컴퓨터 붐의 도입에서도 이루어진다. 완제품보다는 반제품의 판매 비중이 컸고, 컴퓨터를 이해하려는 다양한 이용자들이 컴퓨터 키트를 사서 직접 조립하며 기술적 수준을 높여갔다. 이런 산업화 이전의 일시적인 기술적 개방성은 특정한 미디어가 발전하기 시작할 때 종종 발견되는 현상이다.

청계천 전자상가와 키트-아마추어 이용자의 통로

국내의 키트 변천 과정을 살펴볼 때 밀접한 관련이 있는 장소는 세운상가로 대표되는 청계천 전자상가이다. 한때 도시 개발 계획에 따른 존폐 위기도 있었지만 지금은 서울시 도시재생 프로젝트로 공간 일부가 리모델링되었다. 세운상가는 당시 기술자들을 다시 조명하며 지금의 메이커 문화를 연결하고 확장할 생산기지로 주목받는 장소가 되었다.

청계천 전자상가는 전자 부품부터 완제품까지 전기전자 업체들이 밀집해 있는 유일한 자생적 기술 문화의 장소성과 생산력을 가지고 있었고, 이는 다양한 유형의 키트를 복제하거나 변형을 거쳐 새로운 제품으로 유통하는 데 유리한 조건이었다. 취미와 실용을 위한 키트들이 유통되었고 이용자들에게 전자적 지식의 습득과 전자기술 향상의 촉매제가 되었다. 만들기에 빠진 아이들은 부품과 관련 과학기술 잡지를 구하기 위해 종로구 장사동 일대의 골목과 청계천을 탐험했다. 먼 지역에 사는 학생들은 인터넷과 휴대폰이 없던 시절이기에 '서신'이라는 방법을 통해 키트를 구매하고, 서신 교환을 통해 청계천 전자상가에서 기술 상담을 받으며 정보를 얻고 전자적인 기술력을 쌓아갔다. 이처럼 관련 지식이 없는 초보자가 전자공작을 해보려고 할 때 청계천 일대의 기술적 장소성과 키트는 중요한 매개가 되었다.

청계천 일대에서 제작된 키트는 제작에 필요한 부품이 갖추어져 있고, 원리의 이해보다 완성품이 목적이라면 설명서를 참고해서 따라하며 원하는 것을 만들 수 있었다. 학생들은 라디오조립 키트를 구입해서 자작하고 실력을 쌓은 뒤 ‹라디오조립경연대회›에 출전하기도 했다. 1970-1980년대 키트 문화를 대표했던 키트는 ‘007키트’ 시리즈이다. 그 종류는 ‘3석 스파이 도청기’ ‘라디오’ ‘전자감전 장치’ ‘전화픽업코일’ 등으로 1960년대 냉전의 시기에 만들어진 첩보 영화 ‹007›에 나온 비밀장치들이 키트 제작의 동기가 된 것으로 추정된다. ‘007키트’와 원리를 이해하기 쉽도록 제작 정보가 수록된 『007제작집』이라는 기술서는 청계천 일대 전자상가에서 시작되었고 계속 동명으로 복제되고 판매되었다.

이처럼 키트 이용자 경험이 성장하면서 제작자와 창작자로 변환되는 과정에는 청계천 전자상가를 기반으로 하는 유기적 기술 문화와 복제 문화의 영향도 컸다. 전자 키트에서 홈컴퓨터 제작 키트에 이르기까지 청계천 전자상가 일대를 통해 키트를 매개로 일어난 기술적 도움, 아마추어 이용자 진입, 다양한 촉각적 경험과 암묵적 지식의 전수, 유통의 역사는 현재의 제작 문화와 자작 문화에도 여러 가지 면에서 참조가 된다. 지금 기술 기반의 제작 문화는 다양한 자원의 문화적 지층을 통해 형성되고 있고, 기술은 개방적 문화의 측면에서 다룸으로써 공간적 네트워크와 초보자를 위한 지식의 층위가 상대적으로 잘 조성되었다고 볼 수 있다. 그런데 지금의 메이커 문화 형성 과정과 비슷한 맥락을 1970-1980년대 청계천 전자상가 일대의 기술적 문화의 지층에서도 읽어낼 수 있는 핵심이다.

컴퓨터, 키트를 흡수한 키트

컴퓨터는 이제 대중적인 전자 사물이 되었다. 스마트폰이 일반적인 컴퓨터 기능을 지닌 도구로 기능하는 상황인 만큼 누구나 컴퓨터를 소유한 시대가 도래할 날도 멀지 않았다. 컴퓨터를 하나의 키트라는 의미로 접근해본다면, 컴퓨터 이용자는 컴퓨터의 기본 기능만을 사용하는 수동적 소비자가 아니라 계속 만들고 생산하는 미디엄으로 컴퓨터를 사용할 수 있다. 교육 영역에서 강조되는 프로그램 작성을 의미하는 코딩이 중요한 이유는 컴퓨터의 작동 원리를 이해하고 좀 더 주체적으로 변환이 가능한 다양한 경험을 확장할 수 있기 때문이다. 키트가 이용자 스스로 지식을 구축하고 재구성하도록 매개하는 사물이라고 할 때 컴퓨터만큼 확장성을 가진 매력적인 키트는 없을 것이다.

현재 2010년대 초반부터 국내에서도 확산되고 있는 기술 기반 제작 문화에 활발하게 활동하는 이들 중 다수가 30대이다. 이 30대 메이커들은 1970년대 후반에서 1980년대 후반 사이에 태어난 세대로, 초등학교 당시 라디오 키트나 조립 모형을 다뤄본 기억과 경험이 공통으로 있다. 그러나 이 세대는 라디오 키트를 만들면 잘 작동하지 않고 단순해서 흥미가 떨어졌다는 것과 함께 키트에 대한 애정보다 초기 게임과 컴퓨터에 대한 매혹적 기억을 회고하는 경우가 많다. 이는 1970년대에 유년기를 보낸 세대가 키트에 대해 일반적으로 가진 경험과 어느 정도 대비된다. 1977년 출시된 '애플Ⅱ'의 큰 성공과 함께 한국에서도 1980년대 들어 '애플Ⅱ'의 복제와 함께 급격히 확산된 개인용 컴퓨터 시대의 개막과 무관하지 않다.

개인용 컴퓨터 시대가 열리는 1970년대 후반, 미국 일본 등지에서는 컴퓨터 제작 아마추어 클럽의 조직과 함께 마이크로컴퓨터 키트 판매가 붐을 이루었고 한국 역시 '한국과학기술연구소'에서 일반 텔레비전를 컴퓨터 디스플레이로 이용하는 한단1호[4]를 개발했다. 이와 함께 탁구시합 같은 경기를 모니터 화면으로 하는 '퐁게임Pong game'[5]이 전 세계적으로 유행했다. 이 때부터 아날로그 기반의 전자공작은 점점 그 인기를 개인용 컴퓨터에 내어주게 된다.

1970년대 말 세계적인 개인용 컴퓨터 시대의 서막이 키트 형태로 발매된 컴퓨터들의 인기와 함께 시작되었다면 이후는 단연 '애플Ⅱ' 컴퓨터의 아키텍처architecture를 기반으로 나온 복제품들이 끌고 간 시대였다. 한국 역시 청계천 일대와 세운상가를 중심으로 여러 컴퓨터 브랜드가 출시되었다. 컴퓨터 학원이 성업했고 30여 개의 개인용 컴퓨터 업체가 여러 이름을 단 '애플Ⅱ' 컴퓨터의 복제품을 만들어냈다. 한마디로 "풍요의 형식으로의 복제"[6]라는 표현이 들어맞는 시대였다. "하루 200-300명의 학생이 퍼스널 컴퓨터 붐과 함께 세운상가에 몰려들었고, 이중에는 직접 컴퓨터 키트를 사서 조립하는 학생들도 있다."고 기록은 전한다.[7]

이전에 전자 키트를 다루던 아이들 중 높은 난도의 전문 기술에 근접한 경우는 극소수이지만 '애플Ⅱ'의 회로도에도 도전하는 경우가 있었다는 기록을 보면, 초기 개인용 컴퓨터의 개방성, 복제 가능성은 전자 키트 문화에 익숙한 층을 자연스럽게 컴퓨터 문화로 넘어가게 하는 방식으로도 작동했다. 이외에도 사용자가 직접 조립, 추가할 수 있는 자작적 확장성과 모듈성, 메타적 생산 가능성은 컴퓨터를 키트로 느끼게 하는 세대를 출현시켰다. 스티브 잡스가 히스 키트Heath Kit[8]를 만지며 전자공학의 기본을 습득했다는 기록과도 통하는 면모가 있다.

또한 당시 아날로그, 디지털 게임기 등을 통해 좀 더 상호반응적 경험 감각이 발달한 이들에게는 기본적으로 '기능공'을 만들고 선발하는 것에 뿌리를 둔, 상당히 관제화된 '라디오 키트'와 같은 취미는 상대적으로 흥미가 덜 갔을 것이다. 또한 컴퓨터와 같은 멀티미디어 메타적 도구의 매력은 매뉴얼만 따라 만드는 방식, 제한된 기능만을 만들 수 있는 기존 키트 문화의 향유자를 컴퓨터 문화로 흡수했을 것이다. 이와 함께 컴퓨터를 교육 보조 기구나 '훌륭한 과외 선생'으로 인식하는 교육 패러다임도 교구 기반의 키트 문화를 빠르게 바꾸어놓았을 것이다.

이와 같이 1980년대 초반을 넘어가면 여전히 대중적 문화 형식으로의 키트 문화는 활발하였으나 급격한 속도로 개인용 컴퓨터 문화가 만드는 지층으로 흡수했다. 이는 1990년대 이후 전 시대의 키트 문화를 이루었던 공간과 네트워크, 지식 네트워크, 취미, 놀이 문화 역시 점차 해체되기 시작한다는 의미이다. 개인 컴퓨터와 함께 전자 키트의 역할을 대체하는 PC게임, 아케이드게임 등이 유행했고 프라모델 키트 정도가 동호회를 통해 명맥을 유지하게 된다. 흥미로운 것은 2010년 이후로 다시 활발해지고 있는 기술 기반 제작 문화가 이전의 물리적 자작 문화와 1990-2000년대에 활발히 구축된 정보기술 문화를 결합하는 모양새인데, 그 둘을 결합한 층위에서 키트를 다시 소환하는 경우를 확인할 수 있다. 대표적인 것이 아날로그와 비트의 세계를 매개하는 키트들의 출현이다. 마이크로컨트롤러로 알려진 아두이노 보드와 교육용으로 개발된 소형 컴퓨터 라즈베리파이 등은 센서와 액추에이터, 간단한 코드를 연결해 상상하는 것, 원하는 것을 직접 실험하고 만들 수 있게 되었다. 이런 개발 보드는 오픈소스 문화 생태계, 수많은 라이브러리와 함께 짝을 이루어 지금의 디지털 문화, 제작 문화의 한 축을 이루며 키트와 같은 역할을 해내고 있다. 물론 지금 드러난 키트들은 아직 이전과 같은 문화적 현상이나 산업적 측면은 약한 편이나, 이전의 키트 문화가 다른 방식으로 도약하고 있다는 점에서 키트를 여러 시각으로 풀어내는 관점을 주목할 수 있을 것이다.

미래의 키트, 분기의 가능성

지금의 정보기술 문화 시대에서 제작 문화의 가능성은 만들기의 수행적 과정을 통해 개인 차원의 '발명적 상상력'을 가능하게 한다는 점이다. 발명이 하나의 원리를 알아내고 메커니즘을 만들고 그것을 작동하게 하는 것처럼 개인은 미시적 차원에서 제작의 수행성을 통해 지식을 재구성하며 사유를 확장해간다. 그런 의미에서 앞서 잠깐 언급한 메타적 성격의 키트는 이용자의 수행성, 자기 주도적인 배움과 사고의 확장이 가능한 미디엄으로 생각을 개입하고 이용자의 사고를 실험할 수 있다. 따라서 지금의 기술 기반의 제작 문화 층위에서 일어나는 실험과 활동을 들여다보며 구조화하고 정리하는 과정이 필요하다. 메타적 도구의 대표적인 키트로 앞서 언급한 컴퓨터를 예로 든다면 이에 대한 이해가 한결 쉬울 것이다. 컴퓨터는 이용자의 경험에 따라 추상화된 기계의 세계를 들여다볼 수 있고 다층적인 사용과 배움이 가능하다. 프로그래밍코딩의 과정은 말하기, 글쓰기와 또 다른 사유의 과정이기도 하다. 이 회색의 도구 상자로 펼칠 수 있는 상상력은 다양한 변환적 사고와 기계적 정보적 수행성을 만들어냈고 지금의 기술사회의 바탕을 이루고 있다.

이처럼 메타적 성격의 키트에서 중요한 요소는 이용자의 능동적 수행 가능성이다. 메타적 키트는 키트라는 사물이나 재료의 사용 범위를 한정하는 것이 아니라 사용자 경험을 통해 주어진 용도를 넘어서거나 변형의 가능성을 의미한다. 기존 키트의 기능인 메커니즘의 구축, 전기·전자적인 회로의 이해, 과학의 원리를 이해하기 등을 넘어서 키트가 가질 수 있는 다층적 곧 과학적·공학적·기술적·예술적 접근 방법으로 메타적 사물과 미디어로서의 가능성을 열어준다. 그리고 이런 연결 고리는 개인 층위에서 일어나는 제작 활동, 오픈소스 문화, 온라인과 오프라인을 넘나드는 활동과 교류를 통해 촉발되고 있다.

그렇다면 미래의 키트는 어떻게 분기될까? 제조업혁신의 기운이 키트의 제조에도 영향을 미칠 수 있을까? 예전의 라디오 키트를 대체하는 지금의 기술적 사물로서의 키트는 무엇일까? 또한 지금의 정보기술사회를 이해하기 위한 디지털 리터

끝

러시 형성에 키트는 어떤 교육적, 매개적 역할을 할 수 있을까? 미래의 키트는 다양한 형태로 의미화되고 분기되며 새로운 산업화를 예고한다. 그 출발점은 원자와 비트의 세계를 매개하는 '물리적 컴퓨팅Physical Computing'[9]이 가능한 기술적 사물들로부터 시작되고 있다.

지금의 데이터와 알고리즘으로 구축되는 세계, 원자와 비트가 뒤섞이는 상황에서 키트라는 사물은 이용자 스스로 직접 만지고 사고하면서 지식을 구축하고 해석하며 창의적 작업을 매개할 배움의 가능성을 열어주지만, 다른 한편으로는 비슷한 수동적 배움, 즉 표준화되거나 상업화되지 않을까 하는 우려를 낳고 있기도 하다.

그러나 더 다양하게 분기될 메타적 성격의 키트 가능성은 이용자이자 동시에 생산자 입장에서 실험하고 있는 예술가, 교육자, 개발자, 창작자와 제작자들의 활동을 통해 지금의 기술 문화와 긴밀하게 연동될 것으로 기대된다.

오토마타의 역사와 현대 오토마타 예술

전승일

오토마타 아티스트

인형을 움직이고 싶었던 애니메이터

1992년 미술대학 졸업 작품으로 단편 애니메이션을 만들기 시작해서, 올해로 25년째 애니메이션 작품 활동을 해왔다. 당시 애니메이션들은 대부분 '컴퓨터 2D 그래픽'으로 만든 작품이었다. 처음으로 독립 애니메이션을 시작할 때 체코 인형 애니메이션의 영향을 많이 받았다. 그래서 2003년부터는 본격적으로 인형과 세트를 직접 제작하고, '스톱모션Stop Motion' 방식으로 인형을 촬영해 움직이는 애니메이션을 만들어보겠다는 결심이 섰다. 하지만 '스톱모션애니메이션'은 컴퓨터 외에도 여러 촬영 장비가 필요하고, 인형과 세트를 만들 재료와 공간이 마련되어야 했기 때문에 기회는 쉽게 찾아오지 않았다.

그러던 2004년, 인디밴드 못Mot의 데뷔 앨범 《비선형Non-Linear》에 수록된 노래 〈콜드 블러드Cold Blood〉의 애니메이션 뮤직비디오 제작을 의뢰받았다. 개인적으로 노래가 무척 마음에 들었고, 스톱모션애니메이션을 제작해볼 좋은 기회라고 생각했다. 조각하는 친구와 스톱모션애니메이터 분야의 제자, 이렇게 세 사람이 팀을 이뤄 약 4개월 동안 작업에 몰두했다. 그렇게 애니메이션 뮤직비디오가 완성되자 곧이어 베를린과 체코 등 해외 영화제에서 초청을 받아 상영되기도 했다.

이 작품을 만들게 된 출발점이자 목표는 "인형을 움직이자!"라는 것이었다. 그래서 애니메이션 작업을 다 마치고 곰곰이 생각해보았다. "과연 인형이 움직였는가?"라고 말이다. 정확히 표현하자면 사실 인형은 스스로 단 한 번도 움직이지 않고 무대 위에 멈춰 있었다. 인형을 조금씩 움직여가며 고정된 포

즈를 잡고 이를 '스톱모션' 방식으로 촬영했다. 즉 움직이지 않는 정사진停寫眞 수백 컷이 '프레임 바이 프레임frame by frame'으로 연결된 영화 필름상의 애니메이션 영상 속에서만 인형이 움직였던 것이다.

움직이는 인형을 만들려던 예술적 꿈은 반쪽짜리였다. 애니메이션 속에서는 성공했지만, 애니메이션 밖에서 인형은 고정되어 움직이지 않았기 때문에 절반은 성공하지 못한 것이었다. 그래서 인형을 직접 움직일 수 있는 다른 예술적 방법을 찾았다. 그것이 바로 '오토마타'였다. 이에 주저하지 않고 '오토마타'에 대한 스터디와 연구를 시작했다.

움직이는 기계장치를 꿈꾸다

인간은 먼 옛날부터 나무, 돌, 흙, 종이, 천, 금속과 같은 재료를 사용해 자신과 닮은 인형이나 조각품을 만들어왔다. 우리나라의 장승이나 토우, 꼭두 등도 바로 그러한 인형들이다. 동서양 모두 옛 유물을 발굴하다 보면 항상 인형이 나온다. 지금도 우리 주변에서 쉽게 접하듯이, 과거 인형은 사람들의 상상과 소망을 담은 상징이면서 친근한 장난감이었다. 그런데 언제부터인가 움직이지 않는 인형이나 조형물이 움직이는 인형, 즉 오토마타로 변화하기 시작했다. 움직이지 않고 가만히 있던 인형이 언제부터 오토마타가 되었을까? 그리고 오토마타는 어떻게 예술로 발전한 것일까?

오토마타Automata는 '스스로 동작하다'라는 뜻의 고대 그리스

어에 어원을 두는데 자동기계장치를 의미하는 오토마톤Automaton
의 복수형으로, 예술 영역에서 오토마타는 보통 '여러 가지 기계
장치로 움직이는 인형이나 조형물'을 지칭한다. 오토마타가 과
학의 원리와 예술적 상상력이 결합된 융합예술의 한 장르로 본
격적으로 자리 잡은 것은 비교적 현대에 들어서지만, 기계장치
로 움직이는 인형의 역사는 아주 오래되었다.

　　오토마타의 탄생은 고대 그리스 시대로 거슬러 올라간다.
BC 2-3세기 고대 그리스 시대의 과학자 크테시비우스Ctesibius
가 발명한 기계장치들이 바로 그것이다. 특히 오토마타의 탄
생은 물시계 발명의 역사와 밀접한 관계를 갖는데, 기계장치로
움직이는 인형이 부착된 최초의 물시계는 BC 250년경 크테시
비우스가 발명한 자동물시계 〈클렙시드라Clepsydra〉로 알려져 있
다. 〈클렙시드라〉는 크테시비우스 자신이 고안한 톱니바퀴와
펌프장치 등을 활용해 기존 물시계의 단점을 보완한 발명품으
로, 기계장치에 부착된 인형이 움직이면서 시간을 가리키는 오
토마타 자동물시계였다.

　　이와 함께 크테시비우스의 제자인 헤론Heron이 고안한 각
종 기계장치에서도 움직이는 오토마타의 흔적을 찾아볼 수 있
다. 그는 1세기경 알렉산드리아에서 발명가이자 수학자로 활동
했다. 헤론은 세계 최초로 증기의 힘으로 움직이는 장치를 발
명한 것으로 알려져 있다. 흔히 '헤론의 공'이라고 일컫는 〈기력
구Aeolipile〉가 그것인데, 이 장치는 훗날 증기기관의 효시가 되었
다. 그는 이외에도 풍력 및 수력 오르간, 자동성수기, 자동개폐
기, 자동연극장치 등을 발명했으며, 『기체학Pneumatica』『기계학
Mechanica』『오토마타Automata』등과 같은 저서를 통해 다양한 움

직이는 기계장치를 고안하고 실험해 고대 그리스의 실용과학을 집대성했다.

중세 시대에 들어서 오토마타는 좀 더 다양하게 발전한다. 이슬람의 아바스 왕조 시대인 9세기에 수학자, 천문학자, 기계장치 기술자로 활동한 바누 무사Banu Musa 삼형제는『독창적 장치의 책Book of Ingenious Devices』을 저술하며 <자동조절램프> <기계음악장치> 등 자동기계장치 100여 점을 고안하고 발명했다.

또한 12세기 무렵, 오늘날 기계공학의 초석을 닦은 뛰어난 과학자이자 예술가인 알 자자리Al Jazari는『독창적인 기계장치의 지식에 대한 책The book of knowledge of ingenious mechanical devices』을 집필했다. 그리고 이 기록을 통해 오늘날 널리 사용되는 캠Cam과 크랭크Crank처럼 대표적인 기계장치가 포함된 180여 종의 기계장치와 오토마타를 발명했다. 특히 그의 <오토마타 설계도>는 그 이전의 오토마타와 확연히 구분되는 지점이 있는데, 기계장치의 기능성과 실용성뿐 아니라, 마치 한 폭의 미술작품처럼 예술성과 미적 조형성을 갖추고 있다는 것이다. <코끼리 시계The Elephant Clock>에서도 예술적인 면모를 갖춘 기계 발명품의 진가를 볼 수 있다.

움직이는 인형의 탄생

중세 시대를 지나면서 오토마타는 르네상스 시대와 더불어 새롭게 변화하기 시작한다. 14세기 이탈리아 과학자 지오바니 폰타나Giovanni Fontana는 오늘날의 오토마타에 가까운 기계장치로 움직이는 인형과 동물을 고안했다. 15세기 후반에는 예술과 과학을 아우르는 광범위한 분야에서 뛰어난 재능의 소유자였던 르네상스 시대의 대표적인 예술가 레오나르도 다빈치Leonardo da Vinci가 비행장치 〈오르니톱터Ornithopter〉 등 각종 기계장치 설계도를 그렸다. 그리고 인간의 모습을 닮은 오토마타, 기계장치로 작동되는 〈갑옷 기사〉와 〈사자 로봇〉 등을 고안했다. 그의 작업은 인형 조형물이 물시계와 같은 실용적 목적의 기계장치 부속품으로서가 아니라, 기계장치로 인형 자체를 직접적으로 움직이게 하는 현대 오토마타 예술에 가깝게 서서히 변화시켰다.

오토마타는 18세기 유럽에서 다양하고 본격적인 방법으로 시도되었다. 프랑스 발명가 자크 드 보캉송Jacques de Vaucanson이 만든 〈기계장치 오리〉, 헝가리 발명가 볼프강 폰 켐펠렌Wolfgang von Kempelen이 고안한 〈자동체스인형〉, 그리고 스위스 시계 장인 피에르 자크드로즈Pierre Jaquet-Droz가 만든 〈기계장치 자동인형〉 등이 그것이다. 이런 18세기 오토마타 가운데는 실제로는 작동되지 않는 것도 있지만, 이후 오토마타가 움직이는 장난감이나 독자적인 예술로 성장하는 데 중요한 계기가 된다.

인류 역사에서 19세기는 움직임의 재현 기술과 관련해 아주 중요한 시기다. 1895년 프랑스의 뤼미에르 형제Les frères Lumière가 '시네마토그라프Cinematographe'라는 촬영기와 영사기를 발명해 대중 앞에서 영화를 상영하기 이전인 19세기 프리시네마pre-cinema 시대였다. 이때 광학적 원리와 기계적 장치를 사용한 매우 다양한 움직이는 장난감이 발명되었다.

그 가운데 오늘날 애니메이션의 출발이라고 할 대표적인 광학 장난감Optical Toys으로는 1832년 벨기에의 조셉 플라토

Joseph Plateau가 발명한 〈페나키스티스코프Phenakistiscope〉, 1834년 영국의 윌리엄 조지 호너William George Horner가 발명한 〈조에트로프Zoetrope〉, 그리고 1876년 프랑스의 에밀 레노Emile Reynaud가 발명한 〈프락시노스코프Praxinoscope〉 등이 있다.

이와 함께 현대 마술의 창시자이자 기계장치 발명가인 영국의 존 네빌 마스켈린John Nevil Maskelyne은 1875년 〈사이코Psycho〉라는 인형을 만들어서 자신의 마술 공연에 사용했는데, 이 인형이 바로 기계장치로 움직이는 대표적인 마술 공연용 오토마타이다. 그리고 연이어 마스켈린은 1877년 〈조Zoe〉라는 이름의 그림 그리는 오토마타 인형도 만들어서 마술 공연 무대에 등장시켰다.

동양의 오토마타

중국의 고대 전설에 등장하는 발명품 가운데 〈지남차指南車〉라는 것이 있는데, 이 장치가 바로 동양 오토마타의 원조라고 할 수 있다. 〈지남차〉는 일종의 나침반 같은 장치로 방향이 바뀌어도 항상 남쪽을 가리키는 나무 인형이 부착되어 있는 수레를 말한다. 중국 고대 전설에 따르면 BC 2600년경 처음으로 〈지남차〉가 만들어졌고, 삼국시대 과학자 마균馬鈞이 다시 복원했다고 전해진다. 〈지남차〉가 동양 오토마타의 원조인 이유는 방향을 가리키는 나무 인형의 움직임이 자석의 힘이 아니라, 나무를 깎아서 만든 톱니바퀴 장치의 작동으로 항상 남쪽을 가리키도록 만들어졌기 때문이다.

또한 중국에서는 기원전부터 자동기계 및 물시계에 대한 다양한 연구와 발명이 있었는데, 11세기 북송 시대 천문학자 소송蘇頌이 만든 자동물시계 〈수운의상대水運儀象臺〉가 그 대표적인 사례이다. 소송의 물시계는 높이가 약 12미터에 달하는 대규모 시계탑으로, 내부의 기계장치와 연결된 인형들이 북과 종을 쳐서 시간을 알리는 자동시보장치 오토마타였다.

일본의 경우 오토마타를 '가라쿠리からくり'라고 부르는데, 에도시대인 1645년에 처음으로 〈차 나르는 인형〉 오토마타가 만들어진 것으로 기록된다. 일본의 가라쿠리 인형은 주로 태엽과 톱니바퀴로 작동되는데, 중국의 〈지남차〉와 물시계 및 우리나라 백제와 신라 시대의 물시계 제작기술의 영향을 받아 그 기계장치들이 점차 발전되어 움직이는 인형으로 만들어진 것이라고 할 수 있다. 가라쿠리는 주로 극장 공연에서 사용된 '부타이카라쿠리舞台からくり', 방 안에서 놀이할 때 사용된 '자시키카라쿠리座敷からくり', 전통적인 종교행사에서 사용된 '다시카라쿠리山車からくり' 등 세 가지로 분류한다. 에도시대 가라쿠리의 대표 장인으로는 호소카와 한조細川半藏, 다나카 히사시게田中久重, 오노 벤케치大野弁吉 등이 있으며, 현재 이시카와현石川県 가나자와시金沢市에는 '오노 가라쿠리 기념 박물관大野からくり記念館'이 운영되고 있다.

우리나라의 오토마타

우리나라에는 예로부터 토우, 장승, 솟대, 상여꼭두, 굿인형, 꼭두각시놀이, 탈춤 등 다양한 전통 인형과 놀이가 있었다. 그 가운데 〈만석중놀이〉는 대표적인 우리나라 오토마타 인형극이다. 〈만석중놀이〉는 고려 시대에 시작되었는데, 음력 4월 초파일^부처님오신날에 만석중과 용, 노루, 사슴, 잉어, 학, 거북 등을 움직일 수 있는 관절 인형으로 만들어 횃불을 피우고 음악과 함께 커다란 천 위에서 움직이는 그림자 인형극이다. 즉 〈만석중놀이〉는 도르래Pulley와 레버Lever, 지렛대 장치 등으로 인형을 조종하여 움직이고, 천 위에 그림자를 비춰 공연을 했다는 점에서 우리나라의 대표적인 오토마타 인형극이라고 할 수 있다. 〈만석중놀이〉에서는 알록달록한 색깔이 입혀진 인형들, 즉 십장생이 그려진 인형들이 광목천 뒤에서 등장과 퇴장을 반복하면서 이야기가 흘러가고, 용과 잉어가 여의주를 두고 다투는 클라이맥스 단계에서는 무대 앞에서 '운심게작법運心偈作法'이라는 승무가 펼쳐졌다. 운심게작법은 불교 의례행사 중 하나로 부처에 대한 보은報恩 사상이 담긴 나비춤의 한 종류인데, 〈만석중놀이〉에서 유일하게 사람이 등장해 추는 춤이다.

이와 함께 조선 시대 세종 16년인 1434년, 장영실이 제작한 〈자격루自擊漏〉도 있다. 〈자격루〉는 자동시보장치가 있는 우리나라 최초의 오토마타 물시계이다. 12지신토끼, 호랑이, 원숭이, 돼지 등 시간과 방위를 상징하는 열두 마리 동물 나무 인형이 낮과 밤 구별 없이 시간을 알리도록 고안되었는데, 조선 전기의 과학기술과 예술이 집대성된 첨단 발명품이었다. 또한 삼국시대 이래 전래되어온 우리 고유의 과학기술을 바탕으로, 중국 송나라의 물시계와 이슬람의 물시계를 비교하면서 새롭게 창안된 자동물시계였다. 이어 1438년 장영실은 천체의 운행을 관측하는 〈혼천의渾天儀〉를 결합한 또 하나의 자동물시계 〈옥루玉漏〉를 만들기도 했다.

현대의 오토마타-과학과 예술의 새로운 만남

현대에 들어서 오토마타는 비로소 움직이는 인형이나 장난감의 모습을 갖춘 독립적인 예술로 자리 잡기 시작한다. 움직이는 조각 〈모빌mobile〉의 창시자이자, 키네틱 아트Kinetic art의 선구자인 알렉산더 칼더Alexander Calder는 1920년대 후반 프랑스 파리에 머물면서 철사, 나뭇조각, 헝겊 등으로 만든 인형으로 작은 무대에서 〈서커스Circus〉라는 인형놀이 공연을 했다. 칼더의 움직이는 인형 공연은 간단한 기계장치를 활용해 대중적이고 친근한 느낌의 움직이는 인형을 연출하는 현대 오토마타 예술의 주요한 특징을 형성하는 계기가 되었다.

현대 오토마타 예술에서 가장 왕성한 활동을 하고 있는 곳은 영국의 CMTCabaret Mechanical Theatre이다. CMT는 1979년 영국 남부의 항구도시 팰머스에서 수 잭슨Sue Jackson, 피터 마키Peter Markey, 폴 스푸너Paul Spooner 등 주로 미술가와 인형제작자가 중심이 되어 출범한 오토마타 작가 그룹이다. 현재 키스 뉴스테드Keith Newstead, 카를로스 자파타Carlos Zapata, 하라다 가즈아키原田和明 등 세계 각국 20여 명의 작가들이 소속되어 오토마타 창작과 다양한 전시 활동을 하고 있다. 그 가운데 특히 폴 스푸너는 '현대 오토마타 예술의 창시자'로 불리며 오토마타를 통해 특유의 유머와 따뜻한 감성을 표현하는 작가로 유명하다. 또한 CMT는 도서, DVD, 제작 키트 등을 통해 오토마타 워크숍과 교육 분야에서도 두드러진 활동을 펼치고 있다.

예술로서의 오토마타를 위한 제언

이렇게 인간은 아주 오래전부터 스스로 움직이는 기계장치를 끊임없이 꿈꿔왔다. 이런 장치를 만들기 위한 고대부터 현대에 이르는 수많은 기록과 발명품이 바로 오토마타의 역사가 되었다. 현대에 와서 오토마타는 기계장치로 움직이는 인형과 예술로 자리 잡으면서, 창의성과 운동성, 과학의 원리와 예술적 상상력이 결합한 새로운 융합예술로 성장하게 되었다.

그런데 캠과 크랭크 등과 같이 운동하는 일반적인 기계장치에 인형이나 조형물을 연결한다고 해서 그것이 곧바로 예술로서의 오토마타가 되는 것은 아니다. 오토마타가 포괄하는 기계장치의 요건은 자본주의 산업예를 들어 자동차 엔진의 규격화된 기계 부품의 실용적 기능이나 정확도가 아니라, 철학적이고 미적 이상美的 理想으로 창조된 기계예술의 운동성과 생명감이다.

대량 생산하는 일반적인 기계장치와 오토마타의 기계장치는 제작 소재와 과정뿐 아니라 그 목표 또한 매우 상이하다. 오토마타의 기계장치는 예술적 결과물을 위한 수공手工 혹은 수작手作의 산물로 물리적 운동을 만드는 것에 그치지 않고, 미적 이상을 담아내기 위한 각각의 개별적 오토마타의 조형성과 예술성의 일부분을 구성한다. 오토마타에서 기계장치는 엔지니어링을 향한 것이 아니라, 조형 언어의 영역으로 넘어가서 질적인 변화를 해야 한다.

반대로 오토마타의 또 다른 일부분을 구성하는 조형물 또한 일반적인 조형예술과는 다른 요건과 목표를 필요로 한다. 오토마타의 조형물은 그 자체가 예술의 표현이지만 그것만으로는 부족하다. 오토마타의 조형물은 공학적 운동에 대한 이해를 전제로 구성·표현되며, 나아가 기계장치에서 발생한 1차적인 운동을 조형물의 내재된 스토리로 증폭시켜 전체적인 예술적 운동을 창조한다.

따라서 예술의 관점에서 오토마타를 말할 때, 그것은 과학과 예술 및 엔지니어링과 감성적 상상력의 '변증법적 통합성'을 전제로 한다. 기계장치 운동의 일반적 원리와 예술적 상상력의 결합은 서로 단순하게 양적·물리적 합체로 이루어지는 것이 아니라, 인간의 감성과 미적 이상에 따라 매우 복잡하고 미묘한 개별적인 화학적 결합과 증폭을 필요로 한다. 중요한 것은 양자 간 '융합의 밀도'이다.

2016년 한국고용정보원은 인공지능과 로봇기술의 발전에도 '대체 불가능한 직업'을 발표했는데, 1위가 바로 화가 및 조각가였고, 작가, 사진작가, 지휘자, 연주자, 만화가 및 애니메이터, 무용가, 성악가, 감독 등이 상위를 차지했다. 이들 직업의 대체 확률은 0.004퍼센트 이하이며, 통계학적으로 볼 때 대체될 가능성이 거의 없다고 한다. '창의성'이야말로 인공지능과 로봇기술이 대체할 수 없는 인간 고유의 영역임을 보여주는 통계자료라 하겠다.

최근 들어 국내에서도 오토마타의 활동 영역이 창작, 교육, 전시 등 다양한 범위에서 확대되고 있다. 이는 과학과 예술을 이분법적으로 분리하지 않고, 양자 간 통합된 융합예술 오토마타로 인간 경험의 영역을 확장해나가는 도정에서 일단은 긍정적인 현상이다. 그런데 100명이 서로 똑같은 100개의 오토마타를 소비하는 것보다, 서로 다른 생각과 상상력으로 100개의 오토마타를 창조하는 것이 훨씬 더 큰 의미가 있다. 따라서 오토마타가 예술과 공공 영역이 아닌 시장주의 혹은 장난감산업에 의해 일부 잠식되어가는 현상과 엔지니어링을 강조한 나머지 조형예술성이 결여되는 현상은 반드시 지적되고 개선되어야 할 것이다.

예술로서의 오토마타는 기계를 위한 인간의 욕구가 아니며, 기계 자신의 욕구는 더더욱 아니다. 오토마타는 '생명'과 '무한성', '우주 운동'에 대한 인간의 근원적 욕구와 동경을 반영한 결과이다. 이를 구체적인 조형 언어로 시각화·형상화하는 것이다. 전자의 길은 일반화·정형화의 오류에 빠질 위험이 크고, 후자의 길은 개별화·구체화와 함께 예술로서의 진화 가능성을 확보한다. 붓과 물감이 저절로 그림을 그려주지 않고, 음표와 오선지가 직접 음악을 만들어주지 않듯이, 기계장치의 건조함에서 벗어나 공학과 상상력을 통합해보면 어떨까. 오토마타를 예술로 탄생시키는 것은 결국 인간의 생각과 감성이다. 기계를 상상하지 말고 조형화된 운동을 상상하자. 그리고 오토마타로 예술하며 놀자!

지속 가능한 삶을 위한
손의 감각과 적정기술

김성원

생활기술과 놀이멋짓연구소 소장

글의 주제는 '지속 가능한 삶을 위한 적정기술과 손의 감각'이다. 글을 준비하면서 뒤늦게 주제가 마음에 걸렸다. 최근 적정기술이 어설픈 도그마가 되거나, 마치 전 정권들의 '녹색경제'나 '창조경제'처럼 아무 곳이나 갖다 붙이는 정체불명의 트렌드가 되었지만, 실제로는 한국 사회에서 그 위기와 한계가 예견되고 있기 때문이다. 오랫동안 적정기술 활동가로 일해왔지만 더 이상 적정기술 계몽주의자가 되고 싶지는 않다. 오래전 하자센터_{서울시립청소년직업체험센터}에서 했던 첫 번째 강의 주제가 '질문하는 적정기술'이었다. 그때부터 줄곧 적정기술에 대해 질문을 던지며 10년 정도 적정기술 운동을 해왔지만, 지금처럼 혼란스러운 적은 없었다. 국내에서 적정기술을 확산시키는 데 일조했다는 자부심이 있는 만큼 적정기술의 위기에도 책임감을 느끼게 된다. 기술과 인간의 삶에 대해 근본적인 질문을 하며 갈피를 잡아야만 앞으로 적정기술 활동을 더 진전시킬 수 있을 듯하다.

이런 상황에서 적정기술에 대해 말하는 것은 어느 때보다 부담이 된다. 그런데도 마침 '기술과 인간'이란 주제가 굉장히 중요해진 시점이고, 이 주제에 대해 진지한 물음을 던지고 탐구하는 이들과 함께하는 자리라 피하지 않았다. 다만 글의 제목을 '지속 가능한 삶을 위한 손의 감각과 적정기술'로 살짝 바꾸어 갈피를 못 잡고 있는 적정기술은 잠시 뒤로 밀어두고, 제작자 운동과 지속 가능한 삶을 위한 '손의 감각'부터 이야기해보려 한다. 이것이 실마리를 찾아가는 지점이기 때문이다.

만드는 손에 주목하기 시작하다

이 책이 탄생하게 된 계기, 테크노컬처 콜로키움의 키워드는 '기술' '손' '제작'이었다. 최근 몇 년 동안 기술을 가진, 그리고 제작하는 '손'이 회자되고 있다. 사람들은 언제부터 '손'에 주목하기 시작했을까?

지난 2004년, 자연주의자이자 사회운동가인 윌리엄 코퍼스웨이트William Coperthwaite는 『핸드메이드 라이프A handmade life』를 출간했다. 2006년에 이 책을 구입해서 12년째 곁에 두고 읽고 있다. 여전히 많은 사람에게 꾸준히 읽히는 명저다. 이 책의 지은이는 "자신의 손으로 생활에 필요한 무엇인가를 많이 만들어 낼수록 자기 삶의 주인이 될 수 있다."고 말한다. 2010년 8월에는 리처드 세넷의 『장인The Craftman』이 출간되었다. 이 책의 부제가 '현대문명이 잃어버린 생각하는 손'이다. 기술을 가지고 기물을 제작하는 장인의 손을 다룬 책이다. 이 책 역시 문화예술, 교육계에 잔잔한 반향을 일으켰다.

〈핸드메이드코리아 페어〉와 〈DIY 핸드메이드 쇼〉는 2011년부터, 〈서울국제핸드메이드 페어〉와 〈K Handmade Fair〉는 2014년부터 시작했다. 〈한국수공예축제〉 역시 2002년부터 지금까지 계속되고 있다. 이외에도 '수공예'를 주제로 크고 작은 행사들이 곳곳에서 경쟁하듯 열린다. 이제 이런 박람회가 조금 식상하다. 여전히 제품만 전시 판매할 뿐 생활기술로서 수공예를 제안하지 못한다. 박람회에 출품되는 제품은 대개 기호품이나 장식품으로, 박람회도 딱 이 지점에 머물 뿐이다. 삶을 구성하는 일상 기물을 만드는 수작업과 그것에 필요한 수공구까지

다가서지 못하고 있다. 반면 해외 수공예 박람회에서는 수공구와 재료까지 전시하는 경우가 많다. 수작업, 수공예에 대한 사회적 관심은 커졌지만 그것이 말하는 문화적 본질에 다가서지 못한 상황이다.

6년 전부터 '하자작업장학교_{하자센터에서 운영}' '삶을 위한 교사대학' '대안교육연대' 등 곳곳의 대안학교와 최근 자유학기제 도입으로 생겨난 '목화학교' '오디세이학교' 등의 교육 현장에서 직조織造, 미장, 용접, 대장장이 작업, 화덕, 난로 제작, 생태건축, 목공 등 수작업과 수공예를 교육프로그램으로 포함시키고 있다. '삶을 위한 생활기술'을 정식 교과과정에 포함시키자는 교육계의 목소리도 들린다. 한편 독립예술학교인 파주타이포그라피학교PaTI는 2017년부터 교양과정으로 직조를 가르치고 있다. 2018년부터는 '크리킨디센터_{서울시립은평청소년미래진로센터}'에서 천연미장과 천연 페인트도 가르친다. 이런 기술교육은 산업적 수요를 갖는 하이테크와 다른 지향점을 지닌다. 조금씩 교육계에서 수공예, 수작업을 교육 과정에 포함시키려는 시도가 잦아졌다.

그동안 많은 대안학교가 인문학이나 사회적 주제에 주안점을 두고 교육을 해왔지만 현재는 한계에 봉착했다. 대안학교 학생들의 졸업 후 진로가 불확실하기 때문이다. 아무래도 학력이 인정되지 못하니 취직이 어려워 다시 검정고시를 치른 뒤 대학교에 가는 경우가 많다. 입시 위주의 교육을 비판하면서 시작된 대안학교에서 다시 입시 그것을 답습할 수도 없는 상황이다. 그런 고민 끝에 스스로 자기 삶을 가꿀 수 있는 자급의 기술, 생활기술을 모색했다. 물론 그동안에도 대안학교들은 노작_{손작업과 노동, 자연 등과 교감 강조}을 중요시해왔지만 기술교육이 제대로 이루어지지 않았다. 왜냐면 교사들조차 기술적 경험이나 지식이 부족했기 때문이다. 다시 이 지점에 대한 반성이 일어나면서 생활기술, 적정기술, 노작을 과거와는 다르게 밀도 있게 도입하고 있다.

각자도생의 시대, 수공예와 수작업

그렇다면 수작업에 대한 대중의 관심이 늘어난 이유는 무엇일까? 대중이 수작업뿐 아니라 제작자 운동에 주목하기 시작한 배경은 무엇일까? 여러 이유가 있겠지만 그 답을 경제적 배경에서 찾아보기로 했다. 당시 다니던 회사가 부도나서 일자리를 잃었던 시기를 떠올렸다.

1997년 말 IMF^{국제통화기금} 경제위기가 터지고 나서, 한국 사회는 엄청난 충격에 빠졌다. 이전까지 고도성장을 이루며 쉴 새 없이 달려왔는데 브레이크가 탁 걸렸다. 금 모으기 운동을 하고 외환도 갚아야 했다. 실업, 실직, 해고, 자영업자의 폐업이 줄을 이었다. 어떻게 살아가야 할지 막막했다. 구제금융이 끝나고 나서 경제 상황은 오히려 더 나빠졌다. 실업률은 높아졌고 해고자와 노숙자 문제도 본격적으로 시작되었다. 2001년 8월 IMF 구제금융을 탈출한 뒤에도 한국 경제는 낮은 성장률에 머물며 크게 나아지지 않았다. 압축적 산업화와 고도성장을 자랑하던 한국 경제가 흔들거렸다. 평생고용제는 급격히 무너지고 노동유연화, 비정규직 증가, 실업, 해고는 일상이 되었다.

IMF에 대한 기억이 사라지기 전, 2008년 경제학자들이 "대공황 이후 최대 경제위기"라는 미국발 금융위기가 닥쳤다. 한국 역시 그 영향에서 자유로울 수 없었다. 한국 사회는 다시 IMF 사태에 버금가는 경제 침체와 높은 실업률을 견뎌야 했다. 그리고 지금 한국 경제의 저성장 기조는 여전히 계속되고 다시 경제 위기가 거론되고 있다. 이 경험으로 사람들은 이제 기업과 국가가 자신의 삶을 보장할 수 없다고 자각하게 되었다. 직장과 국가에 의존할 수 없는 조건에서 결국 각자도생各自圖生의 방안을 찾아 나섰고, 수공예, 수작업, 제작자 운동은 일면 이런 자각과 모색에 닿아 있다.

2012년 12월 1일, 협동조합기본법이 시행되었다. 2017년까지 1만여 협동조합이 나타났다. IMF 이후 벤처기업이 붐을 이루던 시기인 1998-1988년보다 약 1.3-1.6배 높은 수치다. 하지만 현재 협동조합의 70퍼센트 이상이 휴면 또는 폐업 상태다. 2015년 한국지역진흥재단이 발표한 「마을기업 실태 조사 및 지원 체계화 방안 연구」에 따르면 마을기업지역공동체 활성화를 위해 설립된 마을 단위의 기업의 수가 1,300여 곳이었다. 1998년 IMF 이후 등장한 벤처기업 붐, 2008년 금융위기 이후 협동조합, 마을기업, 사회적기업, 현재의 스타트업 붐의 의미는 무엇일까? 고용이 불안한 상황에서 개인들이 과거와는 다른 방식으로 살아가려 발버둥치고 있는 것이다. 이런 배경 속에서 일부는 적정기술, 생활기술, 수공예, 메이커스페이스를 사업 아이템으로 도입하기 시작했다. 이런 기술들은 기술적 접근성이 낮고 소자본으로도 가능하기 때문이다.

대안 장터 역시 빼놓을 수 없다. 대도시와 지방 곳곳에서 대안 장터가 급속히 확산된 시기가 불과 지난 7년 사이다. 물론 그 이전에도 벼룩시장, 예술마켓이 있었지만 과거와 다르게 전국적으로 확산되었다. 베이비부머의 은퇴와 귀농귀촌이 러시를 이루기 시작한 시기다. 은퇴한 베이비부머와 청년 실업자가 주축이 되어 전국 곳곳에 대안 장터를 만들었다. 대안 장터 역시 개인들의 경제적 자구책이다. 귀농하거나 귀촌한다 해도 요즘은 토지를 구하기 쉽지 않고, 토박이들의 텃세도 심하기 때문에 간신히 얻은 작은 농지에 기대거나 단지 연금이나 은퇴 자금만으로 먹고살기 힘들어졌다. 농사 외 다른 경제적 수입을 얻기 위해 대안 장터에 나온다. 이곳에서 대형 유통을 통해 물건을 판매할 수 없는 소농이나 소생산자, 자가생산자 들이 생존 차원에서 수공예품, 수제 먹거리를 판매하고 있다.

물론 대안 장터가 만들어진 이유를 단지 경제적 문제로만 한정할 수 없다. 그러나 경제적 동기 역시 간과할 수 없다. 많은 사람이 대안 장터에 직접 손으로 만든 가공품, 공예품, 기물을 가지고 나와서 팔고 있다. 이들은 과도한 투자를 절제하고 자동화된 생산기계보다는 수공구나 손도구를 이용해서 제작하는 경우가 많다. 소량 판매에 적합하게 소생산 방식을 택한다. 2016년 10월 청년 실업자 수는 37만 1,000명으로, 물론 실제 실업 상황은 통계보다 더 심각하다. 청년 실업자 가운데 베이비부머처럼 프리마켓이나 대안 장터에 자신의 손으로 만든 물건을 가지고 나와 판매하는 이가 늘어났다.

특히 2010년 이후 경제 상황을 자세히 거론한 이유는 손, 수작업, 수공예, 제작자 운동에 주목하는 배경이기 때문이다. 많은 사람이 국가와 기업에 기댈 수 없는 어려운 경제 상황에 처하게 되었다. 자본과 자산이 부족한 사람들이 자신들의 텅 빈 손을 보았다. 허탈과 좌절, 불안, 희망과 용기가 뒤섞이는 가운데 사람들은 맨손으로 할 수 있는 일을 찾기 시작했고, 살아남기 위해 '손'에 주목했던 것이다.

자신의 손으로 할 수 있는 일을 찾아 나선 이들은 어찌 되었을까? 한마디로 '악전고투惡戰苦鬪'하고 있다. 지금도 많은 사람이 계속 버티며 생존하기 위한 손의 감각을 터득해나가고 있다. 수공예나 수작업으로 생계를 이어가는 사람은 그런 '손작업' '손노동'에 낭만적이거나 문학적 수사로 치장할 수 없는 고통스럽게 새겨지는 삶의 깊이를 체감한다. 그래도 이 일을 하며 살아도 좋겠다는 자기 위안과 위로도 있다. 이렇게 적지 않은 사람이 생존을 위해 필요한 손의 감각을 되찾으며 제작자로 변신하고 있다.

제작자 운동-미국과 영국의 경제위기

미국과 영국에서의 제작자 운동의 경제적 배경도 살펴볼 필요가 있다. 미국 노동통계국BLS, Bureau of Laber Statistics 자료에 따르면 2010년까지 미국 제조업이 급격히 쇠퇴하는 가운데 2006년부터 시작된 메이커스페이스는 2008년까지는 크게 늘지 않았다. 그러다 금융위기 이후 2009년부터 늘기 시작했고, 2010년부터 본격적으로 확산되었다. 특히 소규모 메이커스페이스가 크게 늘어났다. 개인들이 자신의 손으로 직접 물건을 제작하는 제작자 운동은 경제위기 상황에서 택한 자구책이라는 측면이 있다. 2008년 금융위기에 수많은 사람이 직장에서 해고되었다. 그들 가운데는 엔지니어, 디자이너도 있었는데 직장에 다니면서 쌓은 제작 노하우를 가진 사람이 많았다. 기업을 위해 열심히 일했건만 결국 내몰린 이들은 메이커스페이스를 구축했고, 그곳에서 뭔가를 만들어 팔기 시작했다. 분노와 좌절을 겪으며 직장에서 익혔던 노하우를 공개한 것이다.

실제 제작자 운동은 의도적으로 기업이 독점하던 기술의 비밀과 신화를 해체하고 제작 노하우를 대중과 공유했다. 해커 운동과도 연관성이 있다. 개인 제작자는 SNS와 인터넷을 통해 자신의 노하우 공유를 제품을 판매하는 마케팅 수단으로 활용했다. 대중에게 자신의 기술과 지식을 어필할수록 자가제작한 물건을 팔 기회도 늘어난다. 물론 메이커스페이스가 단지 경제적 이유 때문만은 아니지만, 미국 경제가 서서히 회복되면서 메이커스페이스의 증가폭도 줄어들었다. 경제위기와 메이커스페이스의 상관관계를 알 수 있는 대목이다. 메이커스페이스들도 경제적으로 안정화되었을까? 통계를 보면 대표적인 몇 군데를 제외하면 여전히 어렵다. 정부와 기업들은 4차 산업혁명과 관련지어서 제작자 운동, 메이커스페이스가 새로운 기술혁신의 활로를 만들어간다는 착각을 유포하고 있다. 실상은 꼭 그렇지 않다. 이 점을 간과하지 말아야 하다.

영국의 제작자 운동은 어떤가? 2015년 9월, 영국 왕립예술협회RSA와 여론조사 기관 유거브YouGov가 조사한 결과에 따르면 메이커스페이스를 이용해서 타인에게 판매하거나 선물을 주기 위해 제작하길 원하는 사람은 의외로 20퍼센트 이하였다. 오히려 고장수리, 제품 변형 등 자신이나 가족을 위해 메이커스페이스를 활용하려는 사람이 80퍼센트 이상이었다. 영국의 제작자 운동 역시 일부 논자들이 언급하듯 임금 정체와 경제

위축에 대한 대응인 것이다. 빈부양극화, 고용 불안이 심각해지며 풍요가 사라지는 상황에서 사람들은 자신의 손으로 만들고 수리해야 했다.

고장수리 카페Repair Café는 메이커스페이스의 리사이클Recycle 버전이라 할 수 있다. 고장수리를 매개로 지역공동체를 복원하고 자원을 재활용하는 문화를 확산하기 위한 시도이다. 고장수리 카페는 정책분석가 마틴 포스트마Martine Postma의 제안으로 2009년 10월 18일 암스테르담에서 시작된 뒤 전 세계로 확산 중이다. 이처럼 한국뿐 아니라 미국과 영국의 제작자 운동 역시 경제적 배경과 관련되어 있음을 알 수 있다.

한국도 아직 소수지만 다양한 형태의 메이커스페이스가 등장했다. 현재 상황이 어찌 되었든 경제적 위기와 불안 속에서 다양한 형태의 메이커스페이스에 참여한 사람들은 자립하는 기술 감각을 익히고, 21세기 기술과 결혼한 공예를 재발견한다. 여러 사람이 공동으로 기술을 숙련하고 제작하는 문화와 조건을 만들어가고 있다. 사람들은 인터넷, 자동화 등 기술 격변에 대응하며 노동자로, 소비자로, 소시민으로 살아왔던 삶에 대해 제작자로서 더 많은 주체적 통제권을 원하고 있다. 요컨대 기술과 제작의 주체성이 삶의 주체성과 연결된다는 점, 즉 "자신의 손으로 생활에 필요한 무엇인가를 만들어낼수록 자기 삶의 주인이 될 수 있다."는 것을 알아가기 시작한 것이다.

자동화, 인공지능의 시대에 필요한 삶의 기술

저마다 인공지능, 자동화, 4차 산업혁명을 말한다. 어떤 이들은 자동화기술이 인간을 노동으로부터 자유롭게 할 것이므로 창조적인 여가만 즐기면 된다는 순진한 희망을 말한다. 그런 이야기를 들을 때마다 '삶'에 대해 어떻게 그리 무지할 수 있는지 싶다. 삶이란 일상과 가끔 변주되는 다양한 사건의 리듬으로 구성된다. 전통사회에서 삶이란 대다수에게 생존하기 위해 필요한 활동 자체였다. 가장 많은 부분이 먹거리를 구하고 생활에 필요한 기물과 물건을 만드는 노동이었다. 물론 오늘날 효율적인 기계의 등장과 산업적 양산에 힘입어 과도한 노동에서 해방된 측면이 있다. 그러나 만약 삶을 위한 노동이 완전히 사라진다면 그런 삶이 행복할까?

아주 간단한 예를 들겠다. 편의점에서 잘 조리된 컵밥을 일상으로 사 먹는 삶과 좋은 식재료를 시장에서 구해와 정성스럽게 요리한 식사를 즐기는 삶 중 어떤 삶이 더 풍요롭고 행복할까? 단지 명품을 사 입는 사람과 자유 시간이 많아서 자기 옷을 해 입는 사람 중 누가 더 행복할까? 당연히 후자라고 생각한다. 삶의 본질이란, 살아가는 데 필요한 기물과 서비스를 자기 손으로 해결하면서 일상을 채우는 것이다. 현대인은 삶을 잃어버리고 직장에서 돈을 벌어 삶의 필요를 구매하지만 충분한 만족을 얻지 못한다. 삶의 수많은 활동을 인공지능과 로봇에게 맡기면 어떨까? 답은 명백하다. 왜 그렇게 많은 사람이 자동화 기계로 만들어진 IKEA 가구 대신 비싼 회비를 내며 목공을 배워 자신의 가구를 만들거나 DIY 인테리어에 열중할까?

그것이 더 풍요롭고 행복하기 때문이다.

돌이켜보면, 오랜 인류 역사 동안 사람들은 자기 삶에 필요한 물건을 구매해서 쓰거나 타인에게 맡기는 경우가 없었다. 왕족이나 귀족을 제외한 대다수는 먹거리를 위해 농사를 짓고, 요리를 하고, 삶에 필요한 도구들을 직접 만드는 노동으로 채워졌다. 지금과 같은 생활 방식은 기형적이다. 인공지능, 로봇이 발달해도 인간이 풍요로운 삶을 살아가기 위해 직접 뭔가를 제작하는 욕구는 더욱 늘어날 것이다. 그래서 우리는 '제작'이란 개념을 "판매할 물건을 만드는 생산 활동"에서 "우리 삶을 풍요롭게 하는 것을 만드는 행위"로 재정립해야 한다. 인공지능의 시대이든, 자동화가 대세든, 4차 산업혁명이 오든, 행복한 삶을 위해서는 자기 삶의 필요와 요구를 만족시킬 기술을 가진 '손'이 필요하다. 만드는 삶이 우리를 행복하게 하고 충족감을 안겨준다.

전라북도 완주에서 협동조합을 만들 때 사회의 생태적 전환에 주목해 '전환기술사회적협동조합'이란 명칭을 사용했다. 하자센터 작업장학교 청년과정과 기술인문학 잡지 첫 호를 발간하게 되었는데 제호가 '삶의 기술'이다. 기술을 산업이나 경제, 사회가 아니라 자신의 삶에 비추어볼 수 있어야 한다는 생각으로 제호를 정했다. 삶을 가꾸고 풍요롭게 만드는 '손의 감각'은 인공지능 시대이든 로봇 시대이든 더욱더 필요하다.

2017년 PaTI 학생들과 하자센터 청년들을 모아 〈인플레이터블 예술 공간Inflatable Art Space〉 워크숍을 진행했다. 밀폐된 비닐에 공기를 불어넣어 입체적 조형물이나 사람이 들어갈 수 있는 이색적 놀이 공간을 만드는 작업이었다. 몇몇 청년은 평면인 2D 화면에 익숙한 탓인지 3D 입체도형을 이해하고 전개도를 그리는 데 상당히 어려움을 느꼈다. 유럽에서는 입체적 도형을 이해하고 상상하는 힘을 키우기 위해 비닐을 이용해서 손으로 입체도형을 만드는 수업이나 프로그램을 자주 진행한다.

서울시립미술관에서 스타돔Star Dome과 직조를 결합한 구조 제작 워크숍을 어린아이와 부모를 대상으로 진행한 적이 있다. 그때 만난 학부모에게 적지 않은 초등학교 3학년 아이들이 신발 끈을 묶지 못한다는 말을 듣고 무척 놀랐다. 워크숍에서 아주 간단하게 실을 묶는 손동작조차 아이들은 힘겨워했다. 하지만 이런 아이들도 컴퓨터나 스마트폰은 능숙하게 다룰 것이다. 현대인은 점점 구체적이고 물리적인 재료를 이해하는 인식능력이나 상상력, 그것을 실제로 다루고 조작하고 제작하는 능력이 쇠퇴하고 있는 듯하다. 인간이 가지고 있는 작업, 인지, 사고 능력까지 자동화기계나 로봇, 인공지능에게 넘겨줄 수는 없다. 만약 사회경제적 변동과 천재지변으로 그런 첨단기술에 접속하거나 이용할 수 없는 상황이 온다면 인간은 도대체 자신의 손으로 해결할 수 있는 것이 무엇일까? 인간은 삶을 스쳐 지나가는 것이 아니라 삶을 만들어가는 유기체이다. 이 관점에서 우리는 새로운 기술을 대면하고 주체적으로 선택하고, 때로는 제어하거나 절제할 필요가 있다.

그동안 다양한 재료를 이용해 생활기술과 손기술에 도전해왔다. 귀농하면서 쌀부대에 흙을 담아서 짓는 흙부대 집을 지었다. 집을 짓고 나서 미장과 천연 페인트에 관심을 갖고 우선 집에 적용해보았다. 그리고 나서 <토벽-색으로 아름답다>와 같은 생태건축 워크숍을 통해 흙, 모래, 석회, 볏짚으로 흙집을 짓고, 색토 미장을 하는 등 생태건축 방법을 보급해왔다. 흙은 부드럽고 자유롭다. 앞으로의 목표 중 하나가 흙 미장으로 벽화를 만드는 것이다. 크리킨디센터 청년들과 흙 미장과 석회 미장을 이용해 포스터 만들기를 하는 게 남은 과제이다.

귀농하기 전 경기도 일산에 살았는데 오피스텔이나 아파트 쓰레기장을 뒤져보면 좋은 물건이 많이 나왔다. 쓰레기장에서 폐가구를 가져와 집 지을 때도 쓰고 가구 만들 때도 사용하곤 했다. 백화점에서 보아둔 가구의 디자인을 흉내 내어 재활용 목재로 진열장을 만들었다. 나무는 부드럽고 신축성이 강해 일정한 구조를 유지하기 어려운 측면이 있다. 목공 작업을 하면서 비로소 재료마다 다른 특성이 있음을 이해하게 되었다.

<철 든 사람들>이란 대장장이 작업 워크숍을 기획하고 진행하며 철 작업도 해보았다. 전국에서 50명을 모아 철 공예 작가 이근세 씨와 함께 진행했다. 철은 단단하면서도 무르기에, 불로 쇠를 달구어 자유롭게 형상을 바꿀 수 있다. 대장간 화덕의 불꽃과 뜨겁게 달궈진 쇳덩이는 작업자를 흥분시킨다. 처음 참가자들 모두 무서워했다. 불꽃이 튀고 탕탕 소리가 나니 당황했다. 그런데 시간이 지나면서 사람들이 밤 11시까지 망치를

두들기며 미친 듯 몰입했다. 숨어 있던 창조 본능이 마구 올라오는 것이 보였다. 쇠와 망치가 자아내는 강한 열정과 부드러움, 공존의 감각이 살아나기 시작했다.

〈장인은 석기시대〉를 기획해 석조 작업도 해보았다. 장흥에서 석공 하시던 분을 2년 동안 쫓아다니며 설득해서, 동네 장정들과 함께 강가의 돌을 주워와 다양한 맷돌을 만들었다. 돌은 재료 중에서 가장 다루기 힘들었다. 그 무엇보다 단단하고 작업하기 까다로웠다. 그 경험을 한 뒤로 석공을 존경하게 되었다.

다양한 재료를 직접 손으로 다루어보면 갖게 되는 감각과 이해가 있다. 그때 느끼는 손의 감각은 구체적이고 손의 주인에게 영향을 끼친다. 감각을 객관적 정보로 설명하는 데 한계가 있다. 디지털화할 수 없다. 날씨에 따라서, 작업자의 심리와 신체 상태에 따라서, 재료에 따라서 변한다. 감각은 주관적이고 개인적이고 일시적이고 가변적이다. 물리적 세계를 직접 접촉하고 만나는 순간 고유한 감각이 있다. 이런 감각이 실제이고 생동감 있는 삶을 구성한다. 도구를 다룰 때도 우리는 비슷한 경험을 갖게 된다. 구체적이고 물리적인 다양한 실제의 세계를 좀 더 많이 접촉하고 우리 손으로 다룰 때, 모니터의 시각적 이미지로 환원된 세계가 아니라 실제 세계에 대한 우리의 인식능력과 상상력, 이해는 쇠퇴하지 않게 된다.

리처드 세넷이 『장인』에서 한 말에 주목해야 한다. 세넷은 사물을 구체적으로 알기 위해서는 눈이 아닌 '손'이 필요하다고 말했다. 영어 'catch잡다'가 '이해하다'의 의미로도 사용된다는 점을 환기할 필요가 있다. 우리의 언어 습관에서도 '이해하다'란 의미로 사용되는 '파악把握'의 본뜻은 '손으로 잡아 쥐다'이다. 이것은 우연이 아니다. 무언가를, 실제 세계를 안다는 것은 손으로 잡았을 때, 만졌을 때, 다루었을 때 가능한 것이다. 머릿속으로 다 이해하고 아는 것 같아도, 실제로 해봤을 때 100퍼센트 알게 되는 그런 느낌이 있다. 혹은 머릿속으로 이해되지 않던 것들이 일단 손으로 해보고 나면 이해가 되는 그런 느낌 말이다. 우리가 세계를 이해하기 위해 가장 중요한 것은 손으로 만지고 다루고 만드는 것이다. 손작업, 즉 수작은 사물을 이해하는 가장 직접적인 방법이다.

노동 언어와 실제에 대한 인식

아버지가 직조를 했던 터라 어렸을 때 기억을 되살리면서 독학으로 직조를 익혔다. 그렇게 시작한 지도 6년 정도 지났다. 〈베틀베틀〉이란 직조 워크숍을 매년 조직해 진행해온 지도 5년이 넘었다. 직조를 하면서 직조 작업, 직조 도구와 관련된 적지 않은 작업 언어, 노동 언어를 새롭게 사용하고 있다. 엮다, 짜다, 메다, 묶다와 같은 단어를 많이 쓴다. 인간의 언어는 은유와 비유를 많이 쓰는데 작업 언어와 노동 언어로 한층 풍부해진다. "둘을 엮어줄게."라는 표현도 직조에서 온 말이다. "일이 꼬였어. 이걸 어떻게 풀지?" 같은 표현도 마찬가지다.

노동 언어, 작업 언어는 구체적인 작업, 동작, 물질, 상태를 표현한다. 언어란 세계를 사고하고 인식하는 도구이다. 우리가 사용하는 언어가 축소될수록 세계에 대한 인식의 폭과 사고도 좁아진다. 최근에는 노동 언어, 작업 언어를 일상에서 점점 적게 사용된다. 요즘 신세대의 언어는 사실상 가상 언어라고 할 수 있다. 디지털 기술로부터 유래된 가상 언어, 정보처리 언어, 추상적이고 피상적인 언어로 바뀌고 있다.

이반 일리치가 키보드 자판에서 쉽게 발견하는 'Delete삭제하다'란 단어를 접했을 때 당시 학자들의 태도와 충격에 대해 쓴 글을 읽은 적이 있다. 예전에는 '글을 삭제하다'란 표현은 거의 쓰지 않았다고 한다. 삭제의 뜻인 'delete'라는 단어가 주는 충격이 어마어마했다고 한다. 우린 당시 학자들이 느꼈을 충격이 어떠했는지 가늠조차 못한다. 우리는 언어를 생각의 도구, 인식의 도구로 사용한다. 물리적 구체성을 가진 언어를 잃어버리면서 우리의 인식과 생각도 구체성과 실제성을 잃어버리고 있다. 실제 세계 속에서 삶을 지속하기 위해 필요한 '손의 감각'은 실 세계를 반영하는 언어 감각과 함께 발달한다. 여기서부터 우리의 인식과 생각이 진짜 세계를 직시할 힘을 갖게 된다. 경제 언어, 국가 언어, 산업 언어, 정보처리 언어는 실제의 세계를 추상화하고 왜곡한다. 왜곡된 인식, 편협하고 경도된 생각으로 우리 삶과 사회를 지속 불가능한 방향으로 몰아간다. 그런 언어들 때문에 끊임없는 성장주의, 무한한 자원과 에너지를 상정한 기술의 발달이 줄 유토피아를 꿈꾸게 되는 것은 아닐까.

지역기술의 이해

전라남도 장흥에 살 때 〈인디언 데이즈〉란 워크숍을 진행했다. 시골에서 쉽게 구할 수 있는 볏짚, 갈대, 대나무, 바닷가의 풀과 다양한 넝쿨을 이용해 바구니를 짜고, 수수 빗자루를 만들고, 인디언 티피tepee, 원뿔형 천막를 만들었다. 그 전에는 용도를 모르던 댑싸리, 담초, 종려나무 껍질이 빗자루 재료가 된다는 것도 알게 되었다. 직접 삶에 필요한 기물을 만들다 보면 주변에서 구할 수 있는 재료에 대한 이해, 기물에 구현된 구성 원리, 제작 방법 등 기술 지식이 점점 풍부해졌다. 지역 자연자원의 용도와 이해가 깊어지면, 주어진 자연조건에서 삶을 지속하기 위해 기술의 한계와 생산의 제약, 자원 이용의 절제가 필요하다는 것을 알게 된다. 지역의 자원과 조건으로부터 발달한 지역기술Local Tech이 갖는 함의도 깨닫게 된다. 지역기술은 한계를 인식하는 기술이다. 지속 가능한 삶을 위해 필요한 손의 감각이란 단지 촉각이 아니라 지역 자원에 대한 이해를 바탕으로 기술과 제작 방법은 물론 기술의 한계, 생산의 절제를 체화하는 감각이다.

산업과 국가는 하이테크를 부르짖지만 삶은 하이테크 없이도 가능하다. 오히려 풍요로운 삶은 로우테크나 수공예, 수작업과 더 밀접하게 닿아 있다. 한 개인이 자신의 손으로 삶에 필요한 기물을 만들다 보면 한계에 봉착하게 된다. 더 이상 진전할 수 없는 생산의 한계점을 발견하게 된다. 반면 성장과 발전 일변도의 현대 기술과 산업은 생산의 한계를 인정하지 않는다. 이런 한계의 불인정은 파국에 이르는 지름길이다. 주관적이고 개인적인 생산, 작업, 진전, 발전의 한계를 느끼는 지점에서 사회적 협동의 가능성이 싹틀 수 있다.

위기의 적정기술

잠시 뒤로 밀어두었던 주제인 적정기술로 돌아가보자. 적정기술이 태동하고 호출되었던 시기마다 맥락은 달랐지만 적정기술은 다양한 위기에 대한 대응이었다. 1955년, 독일 태생의 영국 철학자 에른스트 슈마허E. F. Schumacher는 서구 자본과 급격한 산업화로 파괴되는 제3세계의 위기 앞에서 중간기술이후 적정기술이란 용어로 발전됨을 제창했다. 1970년대 유럽의 젊은이들은 1차 석유위기를 맞아 산업자본주의의 위기를 예견하며 적정기술을 다시 호출했다. 비슷한 시기 미국 좌파는 정치적 위기 속에서 새로운 돌파구로 적정기술에 눈을 돌렸다.

2017년 한국에서 적정기술은 정체를 가늠할 수 없는 트렌드가 되었다. 아이러니하게도 그 순간 적정기술 자체의 위기가 예견되고 있다. 국내에서 적정기술은 대부분 사회화에 실패하고 있다. 해외 공적개발원조ODA 사업에서는 대부분 현지화에 실패하고 있다. 심지어 사기꾼이 등장하고 거대한 부를 축적한 다국적 적정기술 기업까지 등장했다. 도시에서 적정기술은 과학기술체험교육의 다른 이름으로 쉽게 변질된다. 몇몇 사이비 학자들은 발명가대회나 과학기술교육에 적당히 적정기술이란 이름을 붙이고 주도권을 잡고자 한다.

도무지 적정기술을 도시에서 어떻게 적용할 수 있을지 갈피를 잡기 어렵다. 도시에서 적정기술은 편리한 산업기술에 압도되고 있다. 하지만 쓰레기, 교통체증, 도시소음, 대기오염, 도시열섬, 주거부담, 노후주택지, 낡은 놀이터, 부족한 쉼터 등 다양한 도시 문제에 대한 산업기술적 해결책은 종종 부적절하거나 다른 문제를 일으킨다. 자본주의사회에서 산업기술은 시장성이 없는 분야에 대해서는 문제가 있어도 해결하지 않고 간과해버린다. 산업화된 기술은 다양한 현장의 요구를 획일적 수단으로 해결하려 한다. 이런 이유로 압도적인 현대 산업기술에도 적정기술은 필요하다. 하지만 현대 산업기술이 만들어낸 문제를 또 다른 기술로 해결하려는 접근, 곧 그것이 적정기술이라 할지라도 한계가 있다. 이것은 우리가 적정기술을 통해 기대했던 것이 아니다.

근대 이후 대다수 기술이 병폐를 안고 있었고, 기어코 적정기술도 물들게 된 과도한 타자지향성, 즉 자기 삶을 필요가 아닌 타자의 요구와 중독된 소비에 초점을 맞추는 경향을 축소시키지 못한다면 적정기술도 잠깐의 유행으로 끝날 수 있다. 적정기술이 정주하며 생존하기 위한 자기 삶의 기술로서 중심성, 즉 기술의 주체성, 직접성, 지역성, 노동의 언어를 복구하지 못한다면 지속 가능한 삶의 희망은 없을지도 모른다. 아직 시간이 남아 있는 동안 우리는 정주하는 구체적 삶의 감각, 즉 삶의 기술을 익히고 삶의 필요를 충족하는 '손의 감각'을 되살리기 위해 희망을 잃지 않고 끊임없이 질문하며 삶 속에서 모험을 계속해야 한다.

현대의 프리미티브 테크놀로지

2018년 8월 기준 구독자 851만여 명, 누적 조회수 1억 5,127만여 회, 이 기록은 원시기술에 도전하는 영상을 유튜브에 게시하고 있는 〈프리미티브 테크놀러지Primitive Technology〉 채널에 대한 세계적 반응이다. 아직 누구인지 정확히 알려지지 않은 이 채널의 운영자는 호주 퀸즐랜드 북부의 숲속으로 들어가 일종의 실험고고학적 도전을 시작했다. 그는 현대적 도구나 재료를 전혀 사용하지 않는다. 처음부터 숲속 야생에서 구할 수 있는 자연 재료만을 가지고 돌도끼, 창, 화덕, 오두막, 기와, 가마 등 생존에 필요한 것들을 만들고 있다. 이 사람은 숲속에서 이러한 도전을 하고 있지만 여전히 종종 도시의 집으로 돌아와 살면서 현대적 음식을 먹는다. 무엇보다 실험고고학적 도전을 영상으로 만들어 유튜브에 올리기 위해 현대적 촬영장비를 사용한다. 하지만 그는 자신의 이런 취미가 돈보다도 시간과 노력만 있으면 충분한 멋지게 해낼 수 있는 것이라고 말한다. 현재까지 〈프리미티브 테크놀러지〉 채널에는 20개의 놀라운 영상이 올라와 있다. 곧 자신이 흙으로 만든 가마를 이용해서 철기를 만들 것이라는 소식도 들린다.

　열렬한 구독자로 그의 도전이 어디까지 이어질지 지켜보며 그가 보여주는 기술의 특징에 대해 생각해보았다. 그의 기술은 '노머니No Money 기술' '자급자족 기술Self Sufficient Technology'이다. 그도 그렇게 말하고 있고, 수많은 댓글도 이 점을 찬양하고 있다. 반면 현대적 기술은 돈이 없다면 그 혜택을 받기도 구현하기도 어려운 것이 대부분이다. 또한 그가 도전하는 기술은 그가 생존하고 있는 호주 퀸즐랜드 북부 숲속의 '지역기술'이다. 그는 보편적 야생이 아닌 퀸즐랜드 북부 숲이라는 특수한 지역에서 자연 재료만을 사용해 그곳에 적합한 기술에 도전하고 있다. 그가 보여주는 기술은 그 자신의 개성과 퀸즐랜드 지역의 토착성을 갖는 방향으로 발전해갈 것이 분명하다.

〈프리미티브 테크놀러지〉의 또 다른 특징은 '파악 가능한 기술'이란 점이다. 생존을 위해 필요한 도구의 원재료를 알고, 원재료가 나는 지역과 환경을 찾아내고, 그 제작 방법과 과정, 만들어진 기물에 구현된 원리를 온전히 이해할 수 있다. 그러나 대다수 현대 기술은 소비자가 파악할 수 없다. 오늘날 현대인은 삶의 일부를 크게 의지하는 기술에 대해 역사 속 어떤 시대 사람들보다 무지하다. 자신이 사용하는 물건의 원자재가 어디서 왔고 누가 제작했는지, 어떻게 자신의 손에 흘러오게 되었는지, 구현 원리는 무엇인지 무관심한 채 살아간다. 만약 현대인에게 자신이 살고 있는 지역에서 나는 재료만으로 그곳에 만들어진 기술로 살아가라 한다면 도대체 무엇이 가능할까?

마지막으로 아직 이름을 알 수 없는 퀸즐랜드 숲속에 사는 그가 계속 보여주길 바라는 기술의 특징은 '제작자의 기술'이다. 누가 만들었는지 특정할 수 있는 개인의 기술이다. 기술은 개인에게 체화되고 제작자의 개성은 만들어진 기물에 반영된다. 분업적 조립 생산이 특징인 현대 기술은 제작자를 특정할 수 없다. 기술은 개인에게 축적되지 않고 자본을 가진 기업에 귀속될 뿐이다.

〈프리미티브 테크놀러지〉에 열광하는 300만이 넘는 구독자들이 있음에도 아마도 그처럼 기술에 도전하거나, 그처럼 살아보길 시도하는 이는 거의 없을지 모른다. 어떤 이들은 기술적 퇴행이라고 비판하며 눈을 돌린다. 자급자족 기술이나 생활기술에 늘 관심을 갖고 시도하며 살아온 나로서도 쉽게 엄두를 내지 못한다.

이런 열광과 빈약한 실천 사이에 생긴 커다란 간극은 현대인, 특히 산업화된 국가에 사는 이들이 누리는 무엇 하나 부족할 것 없는 풍족함과 현대 기술이 주는 편리함 때문이다. 과연 이 풍족함과 현대 기술이 주는 편리함은 지속 가능한 것일까? 에너지위기와 자원위기를 언급하면서 기술적 후퇴를 강변할 필요는 없다. 어찌 되었든 우리는 인류가 이뤄놓은 과학적 성과 위에 살아가게 될 것이기 때문이다.

그런데도 여전히 같은 질문은 한국 사회가 직면한 다양한 위기 때문에 유효하다. 주요 산업의 경쟁력 상실, 인구절벽, 고령화, 노인빈곤, 장기불황, 해고, 청년 실업, 경제적 양극화, 중산층의 붕괴와 같은 경제사회적 위기, 지나친 경쟁, 안전을 책임지지 않는 정부와 일상화되고 내면화된 대중의 불안, 배려와 이해가 사라진 자리에 날 선 경계와 혐오, OECD 국가 최고의 자살률……. 이런 상황 속에서 〈프리미티브 테크놀로지〉의 특성인 노머니 기술, 자급자족 기술, 지역기술, 파악 가능한 기술, 제작자의 기술이 갖는 가치와 효용을 새삼 되새길 필요가 있다. 원시적 기술을 그대로 현대에 적용하자는 이야기가 아니다. 퀸즐랜드 숲속에서 그가 보여주었던 기술의 정신을 현대적으로 재해석해 우리가 사는 도시에서 구현해볼 수 있지 않을까. 이런 질문과 상상이 우리 사회가 직면한 위기에서 요청되는 사회경제·문화적 해결책을 찾는 단초는 될 수 없을까?

기술을 보는 눈

적정기술, 수공예, 원시기술에 대한 이야기를 워낙 많이 하고 그와 관련된 활동을 하다 보니 로우테크 편향 또는 기술 퇴행적 태도라고 비판하는 이들도 있다. 사실 예전에는 이비즈니스e-Business 컨설턴트로 활동했고, 디지털, 인터넷과 관계된 직장에서 일했다. 직장에 다닐 때 수많은 컴퓨터 네트워킹 작업을 하고 개인 컴퓨터를 100여 번 이상 뜯었다 고치기를 반복했다. 기술 수용에서도 얼리어답터early adopter였다. 리눅스 세팅, 통신 서버 구축, 모바일 서비스 설계 등 하이테크와 관계된 작업도 많이 해보았다.

그런데 마흔이 넘어서니 하이테크가 싫어졌다. 여전히 컴퓨터와 전자기기를 많이 쓰지만 나이가 들면서 점점 아날로그적인 게 좋아졌다. 만약 지금 더 젊었다면 메이커스페이스에서 3D프린터를 가지고 무엇인가 만들고 있었을 것이다. 분명히 말해두지만 하이테크를 완전히 부정하지 않는다.

우리는 인생주기에서 기술 수용 태도가 바뀔 수 있다는 점, 아니 나이에 따라 적절한 기술이 달라져야 한다는 점을 이해할 필요가 있다. 종종 다양한 기술이 공존할 때 우리의 삶이 더 풍부해진다는 점을 간과한다. 기술의 다채로운 풍경이 필요하다. 하이테크 일변도의 풍경은 하나의 극단을 보여준다. 새로운 기술을 시장화하기 위해 여전히 유용한 기술을 끊임없이 도태시키고 배제시키는 상업적·산업적 문화에 너무 중독되어 있다. 이제라도 인간의 삶을 행복하고 지속 가능하도록 미래지향적 기술 중독에서 벗어나는 기술적 균형이 필요하다.

사실 현대 산업기술이 만들어낸 문제를 또 다른 산업기술로 해결하려는 것에 회의적이다. 설령 적정기술로 하이테크의 문제를 해결한다 해도 과연 어디까지 해결할 수 있을지 의구심이 든다. 경기도의 의뢰를 받아 '미세먼지 절감을 위한 적정기술'을 연구한 적이 있다. 정화기술이 그리 복잡한 기술이 아니다. 전문가 회의 때 관련 산업 종사자와 전문가가 만나게 되었다. 그런데 이들이 제시하는 미세먼지 정화를 위한 여러 기술 솔루션을 보면 또 다른 오염과 기술적 문제가 발생한다. 미세먼지를 정화하고 나면 버려지는 필터를 처리해야 한다. 또는 필터에 낀 유증기를 희석제로 녹여야 하는데, 그 희석제로 또 다른 오염 문제가 발생한다. 기술적 문제를 기술로 해결하면 또 다른 기술적 문제가 만들어지는 악순환이 반복된다. 4차 산업혁명, 친환경기술 등 여러 이야기가 나오지만 이런 것들이 지속 가능할지 의문을 제기해야 한다. 기술발전을 에너지고갈, 한정된 자원, 환경파괴, 기후변화, 경제변동과 같은 문제와 결부시켜 사고해보지 않는 태도가 문제이다. 여전히 경제적 성장과 풍요, 기술발전이라는 패러다임 속에 갇혀 있다.

행복, 풍요로운 삶이란 어느 기술의 시대에도 가능했다. 원시시대에도 행복한 사람이 있었을 것이고, 조선 시대에도 마찬가지였다. 지금도 역시 그렇다. 지속 가능한 삶, 행복한 삶이라는 관점에서 기술 문제를 접근할 필요가 있다. 우리는 휴대폰이 없을 때도 잘 살았다. 메신저 대신 편지를 쓰면서 행복했던 시절이 있다. 이런 전제하에서 기술을 다시 사고할 필요가 있다. 이제 수공예, 적정기술, 생활기술, 로우테크, 로컬테크에 관심을 갖는 방향으로 시도해보며 기술을 다시 보려 한다.

기술 역사의 변증법일까? 자동화된 산업 생산의 정점에서 우리 사회에 확산되고 있는 적정기술, 수공예, 메이커스페이스 등 다양한 제작자 운동은 무엇을 의미하는 것일까? 지금까지 수공예, 제작자 운동의 사회적 배경과 원시기술, 개인적인 생활기술 경험에 대해 단편적으로 소개했다. 적정기술, 수공예, 제작자 운동에 대해 다양한 입장과 전망, 해석이 쏟아져 나오고 있다. 지금 여기서 어떠한 명확한 해석이나 전망을 더 할 수는 없다. 다만 처음 적정기술을 사회화하기 위해 뛰어들었을 때와 마찬가지로 끈질기게 질문하기를 계속할 수밖에 없다.

한국에서 수공예와 생활기술, 제작자 운동은 아직 주류적 흐름에 전혀 영향을 끼치지 못하는 미미한 하위문화적 트렌드에 불과한 것일까? 단지 퀸즐랜드 숲의 원시기술처럼 유튜브에서 광범위한 열광을 불러일으키는 취미나 콘텐츠에 머물지 모른다. 적정기술은 체험, 교육, 워크숍의 한계에 갇혀 현실에 적용되지 못하고 사라질 수도 있다. 과연 경제성장의 황혼을 지나 결핍 속에서도 풍요로움을 가져다줄 수 있는 구체적 삶의 기반이 될 수는 있을까? 다시 주목받기 시작한 수공예는 1950년 한국전쟁과 급격한 산업화로 인해 단절되어버린 기술의 역사적 연결을 한국 사회에 복원하며 현대 기술과 어울려 우리 삶을 더욱 풍요롭게 할 보완책이 될 수 있을까? 개인화된 기술까지는 아니더라도 상호 의존할 수 있는 기술의 공동체를 복원하는 수단이 될 수는 없을까?

우리는 여전히 쉽게 답을 구할 수 없는 이 무수한 질문을 계속하며 도시의 숲속에서 퀸즐랜드의 그처럼 도전하고 실험할 수밖에 없을 것 같다. 어쩌면 우리는 과거 산업혁명을 준비하던, 창조적 에너지가 넘치던 17세기와 같은 예측할 수 없는 혁명적 변화의 전조 속에 있는 것일지도 모르기 때문이다.

삶의 방식을 재조직하기

덧붙이자면, 지난 10년 동안 시골에 살다가 도시로 다시 돌아오면서 든 느낌은 '도시에서 정말 할 수 있는 게 없다.'는 절망감이다. 모든 공간이 자본화되어 있다. 공간을 확보하려면 너무 많은 비용이 든다. 편하게 작업할 수 있는 곳이 없다. 공방만 해도 돈 내고 가야 되고, 뭘 만들고 싶어도 적당한 작업 공간이 없다. 시골은 마당이며 창고가 있는데 도시에는 마음 편히 쓸 공간이 없다. 손의 기술과 감각, 제작자 운동, 수공예 이런 문제 이전에 공유할 수 있는 작업 공간 없이는 이 모든 게 불가능하다.

그리고 자유 시간이 너무 없다. 도시의 리듬이 너무 빠르다. 역설적이게도 텅 빈 시간, 멍하니 있는 시간이 삶을 충만하게 한다. 하지만 도시인들에게는 그런 텅 빈 시간이 주어지지 않는다. 다른 말로 표현해 자기 삶과 관련된 기물과 서비스를 위해 몰입할 시간이 없다. 노동시간을 사회적으로 줄이는 문제를 먼저 해결하고, 공유할 수 있는 공간을 늘리지 않는 한, 제작의 문화는 실패할 수 있다. 우리는 먼저 삶의 방식, 도시에서 삶의 조건을 재조직해야 한다. 손의 문화, 즉 제작 문화는 우리의 삶의 조건, 삶의 방식과 동떨어진 주제가 아니기 때문이다.

1 '초국적 정책집단들'이라는 용어는 서동진, 「지리멸렬한 기술유토피아-
   4차 산업혁명이라는 이데올로기」, 《창작과비평》 45(3), 2017년 9월,
   287-289쪽에 따른 것이다.

2 「문재인 대통령, 클라우스 슈밥 세계경제포럼 회장 접견」, KNS뉴스통신, 2018년
   4월 12일. 여기에 앞서 김동연 경제부총리는 슈밥 회장에게 세계경제포럼에서
   만든 4차산업혁명센터의 자매 연구소 설립 등의 연구 및 실무협력을 제안했다.
   《연합뉴스》, 2018년 4월 10일.

3 클라우스 슈밥 지음, 송경진 옮김, 『클라우스 슈밥의 제4차 산업혁명』,
   새로운현재, 2016, 10쪽.

4 최혁규, 「메이커 문화를 둘러싼 담론적 지형-메이커 운동maker movement에 대한
   비판적 담론 분석」, 《한국언론정보학보》 82, 2017, 73-103쪽 참조.

5 가령 중소벤처기업부는 올해부터 2022년까지 메이커스페이스를 350여 곳
   구축하기로 발표했고, 문체부는 올해부터 도서관 메이커스페이스를 설치하고,
   공예 진흥을 위한 메이커스페이스도 조성할 계획이다. 서울시는 세운상가를
   '메이커 시티'로, 용산전자상가를 '디지털 메이커 시티'로 조성하고, 대전시는 옛
   도청사를 'D-메이커 창업플랫폼'으로 만들 계획이다. 부산교육청은 2022년까지
   모든 학교에 메이커스페이스를 구축해 메이커 교육을 선도할 의욕을 보였다.

6 「4차산업혁명위원회의 설치 및 운영에 관한 규정」 제1조(목적).

7 같은 곳.

8 클라우스 슈밥 지음, 앞의 책, 2016, 251-261쪽.

9 서동진, 앞의 글, 2017, 288쪽.

10 클라우스 슈밥 지음, 앞의 책, 2016, 32-34쪽.

11 같은 책, 65-77쪽.

12 데이비드 그레이버 지음, 김영배 옮김, 『관료제 유토피아-정부, 기업, 대학,
   일상에 만연한 제도와 규제에 관하여』, 메디치, 2016 참조.

13 클라우스 슈밥 지음, 앞의 책, 2016, 260쪽.

14 리처드 세넷 지음, 김홍식 옮김, 『장인-현대문명이 잃어버린 생각하는 손』,
   21세기북스, 2010, 47쪽.

15 아두이노는 오픈소스를 기반으로 한 단일 보드 마이크로컨트롤러로,
    완성된 보드(상품)와 관련 개발 도구 및 환경을 말한다. 2005년 이탈리아의
    IDII(Interaction Design Institute lvrea)에서 하드웨어에 익숙지 않은 학생들이
    자신들의 디자인 작품을 손쉽게 제어할 수 있도록 하기 위해 고안되었다.
    아두이노는 다수의 스위치나 센서로부터 값을 받아들여, LED나 모터와 같은
    외부 전자 장치들을 통제함으로써 환경과 상호작용이 가능한 물건을
    만들어낼 수 있다.

16 Matt Ratto & Stephen Hockema, "FLWR PWR-Tending the Walled Garden",
    Anne Dekker & Annette Wolfsberger(eds.), *Virtueel Platform*, 2009, pp. 51-53.
    '비판적 사고'라는 말에서 알 수 있듯이, '크리티컬 메이킹'은 특정한 가치를
    내포하고 있다. 라토는 이를 비판적 디자인critical design, 비판적 기술실천critical
    technical practice, 가치에 민감한 디자인value-sensitive design이나 디자인 가치value-
    in-design 등이 지향하는 가치와 공통된 것으로 설명한다(Ratto, 2011). 그러나
    라토와 호키마는 '크리티컬 메이킹'이 기술적 정교화나 기능보다는 비평과
    표현을 강조한다는 점에서 개념미술conceptual art이나 비판적 디자인의 전통과
    상통하나, 학술연구와의 관계 및 구성적 과정constructive process에 초점을 맞춘다는
    점에서는 구별되어야 한다고 언급했다(Ratto & Hockema, 2009).

17 Matt Ratto, "Critical Making", Bas van Abel et al.(eds.), *Open Design
    Now*, Amsterdam: BIS publishers, 2011. 이 책은 opendesignnow.org/
    index.html%3Fp=434.html에 전문이 공개되어 있으며, 국내에도 출간되었다.
    바스 판 아벌·뤼카스 에버르스·로얄 클라선·피터 트록슬러 지음,
    김현아·배수현 옮김, 『오픈 디자인』, 안그라픽스, 2015 참조.

18 라토는 구성주의가 실제로 만들어보는 학습과정을 강조한다고 언급했다.
    여기에 덧붙여, 기술에 대한 개념적 이해와 일상적인 기술경험을 연결시키는
    데 '학습의 정서적 측면'이나 '몸의 지식body knowledge', 새로운 관점의 창출을
    위한 놀이적 접근 등을 주장한 구성주의의 방법론에서 많은 영향을 받았다고
    말했다. 라토의 관심이 머리로나 몸으로 개념을 더 쉽게 이해시키려는 데 있었기
    때문이었다. 그러나 라토는 수학이나 공학에 근거한 전통적 구성주의와 달리
    자신은 사회적 개념에 초점을 맞추었음을 강조했다. 출처는 Matt Ratto, "Critical
    Making: Conceptual and Material Studies in Technology and Social Life",
    The Information Society, 27, 2011, p. 254.

19 Matt Ratto, 같은 글, 2011, p. 253.

20 정보 파싱은 인터넷에 주어진 정보를 원하는 대로 가공해 서버에서 원하는 때에
  불러오도록 하는 것을 말한다.

21 Matt Ratto, 앞의 책, 2011.

22 같은 책.

23 Matt Ratto, 앞의 글, 2011, p. 253.

24 Garnet Hertz, "What Is Critical Making?", *Current 07: Critical Making*, Emily
  Carr Art+Design, 2016. current.ecuad.ca/what-is-critical-making.

25 같은 글.

26 이 선언에 관한 상세한 정황은 미치 올트먼 지음, 조동원 옮김, 「기금 출처가
  중요한가? 왜 나는 메이커 페어가 (대의를 위해) 군사적 기금을 받은 이후
  그들을 돕지 않기로 했는가?」, 『공공도큐멘트 3-다들 만들고 계십니까?』,
  미디어버스, 2014, 154-161쪽을 참고할 수 있다.

27 Garnet Hertz, "Making Critical Making", *Critical Making-Introduction*, 2012,
  11. www.conceptlab.com/criticalmaking

28 www.disobedientelectronics.com

29 Matt Ratto and Megan Boler, "Introduction", Matt Ratto and Megan Boler(eds.),
  DIY Citizenship: Critical Making and Social Media, The MIT Press, 2014, pp. 1-7.

30 www.wholeearth.com/; en.wikipedia.org/wiki/Whole_Earth_Catalog

31 Matt Ratto and Megan Boler, 앞의 책, 2014, pp. 11-15.

32 Steve Mann, "Maktivism: Authentic Making for Technology in the Service of
  Humanity", *DIY Citizenship: Critical Making and Social Media*, 2014, pp. 29-51.

33 Langdon Winner(1992), "Citizen Virtues in a Technological Order", Feenberg
  and Hannay(eds.), *Technology and the Politics of Knowledge*, Bloomington:
  Indiana Univ. Press, 1995, p. 67.

1 「제작 문화와 회색상자로서의 키트」 글은 언메이크랩이 진행 중인 '키트의
   사회문화사' 연구의 일환으로 작성된 중간 글이다. '키트의 사회문화사'는 한국
   기술 문화의 타임라인에서 '키트'를 중심에 두고 그것과 밀접한 관련이 있는
   공간, 매체, 정책, 인물, 지식, 문화 등의 지형을 그려보고 있다.
   이 글은 1960-1980년대 과학기술 문화 잡지와 관련 기사, 이용자 경험을
   바탕으로 정리했고, 연구 과제가 더 남아 있음을 밝힌다.

2 대표적인 오픈소스 하드웨어인 '아두이노' 보드는 마이크로컨트롤러를 기반으로
   만들어졌다. 기술 기반의 DIY 문화 확장에 영향을 주었다.

3 1960-1980년대는 다양한 층위의 과학 잡지, 전자기술 잡지들이 출간되었다.
   이 시기에 대표적인 과학기술 잡지로는 《전자과학》 《학생과학》
   《라디오와 모형》 등으로 당시의 기술 문화를 파악해볼 수 있는 주요한 유산이다.

4 《경향신문》 1977년 8월 8일.

5 1972년 아타리Atari사가 개발한 1세대 비디오 게임. 가정용과 아케이드용이
   출시되어 큰 인기를 모았다.

6 마커스 분 지음, 노승영 옮김, 『복제예찬』, 홍시, 2013.

7 《경향신문》 1983년 8월 2일.

8 히스 키트는 1947년부터 제품을 생산한 키트 업체이다. 폐업하는 등
   몇 번의 어려움을 겪었지만 현재도 교육용 키트를 생산하고 있다.

9 손바닥만 한 마이크로컨트롤러를 활용해 원자와 비트가 결합해 주변 환경을
   감각하고 움직이는 사물을 만들 수 있다. 이를 통해 인간과 스크린, 키보드 등의
   정해진 입출력 장치로만 상호작용하던 컴퓨팅을 물리적 환경에서 작용 가능한
   존재가 되도록 만들었다.

찾아보기

책·편·매체

작품·전시·프로젝트

단체·용어·기타

243

245

찾

도판 출처

제작 문화, 사물 탐색과 공생의 실천

‹대장장이› © 퍼블릭 도메인

제임스 배런의 ‹기계 동작 환풍기› © 퍼블릭 도메인 (제공: 미국립기록관)

W.F.퀸비의 ‹비행 기계› © 퍼블릭 도메인 (제공: 미국립기록관)

제작 문화와 회색상자로서의 키트

‹과학공작 과학완구 전시회› 기사 © 전자과학 (제공: 국립중앙도서관)

금성 텔레비전 회로도 © 전자기술 (제공: 서울SF아카이브)

3구 라디오 제작을 위한 부품 배체도 및 입체 실체도 © 전자기술
(제공: 서울SF아카이브)

007제작집 © 김병진, 과학기술사 (제공: 배춘경)

애플 I © Apple Inc.

지속 가능한 삶을 위한 손의 감각과 적정기술

직조 공방 수업에서 사용한 직조기 © 김성원

못의 노래 ‹콜드 블러드› 애니메이션 뮤직비디오 ⓒ 전승일

헤론의 ‹바람으로 연주하는 오르간› ⓒ fineartamerica.com/featured/
historical-drawing-of-a-wind-powered-organ-.html

크테시비우스의 자동물시계 ‹클렙시드라› ⓒ Time Life Pictures
gettyimages.co.uk/license/50703718

지오바니 폰타나의 ‹오토마타 설계도› ⓒ
history-computer.com/Dreamers/Fontana.html

레오나르도 다빈치의 ‹갑옷 기사› ⓒ en.wikipedia.org/wiki/
Leonardo%27s_robot

볼프랑 폰 켐펠렌의 ‹자동체스인형› ⓒ commons.wikimedia.org/wiki/
File:Tuerkischer_schachspieler_windisch4.jpg

자크 드 보캉송의 ‹기계장치 오리› ⓒ www.habsburger.net/en/media/
jacques-de-vaucanson-mechanical-duck-1738

존 네빌 마스켈린의 카드게임 오토마타 ‹사이코› ⓒ
cyberneticzoo.com/not-quite-robots/1875-psycho-the-whist-playing-
automaton-maskelyne-clarke-british/

그림 그리는 오토마타 ‹조› ⓒ cyberneticzoo.com/not-quite-
robots/1877-zoe-the-drawing-automaton-john-nevil-maskelyne-british/

중국의 ‹지남차› ⓒ makezine.com/2010/01/19/
toys-tricks-teasers-the-chinese-south-pointing-chariot

‹지남차 복원 설계도› ⓒ www.tcp-ip.or.jp/~ishida96/karakuri/
shinansha_jp.html

일본의 ‹오토마타 극장› ⓒ commons.wikimedia.org/wiki/
File:Takeda_Oumi_karakuri.jpg

한국의 ‹만중석놀이› 재현 공연 ⓒ 공주민속극박물관

조선 시대 ‹자격루› ⓒ 국립고궁박물관

알렉산더 칼더의 ‹서커스› ⓒ Alexander Calder, whitney.org

폴 스푸너의 ‹벌거벗은 고양이› ⓒ Paul Spoonercabaret.co.uk

지은이

이광석

서울과학기술대학교 IT정책대학원 디지털문화정책전공 교수. 테크놀로지, 사회와 문화예술이 서로 교차하는 접점에 비판적 관심을 갖고 연구와 저술 활동을 해왔다. 주요 연구 분야는 기술문화 연구, 미디어·아트 행동주의, 정보 공유지 연구, 청년 잉여 문화와 테크놀로지 연구이며, 향후 온라인 정동과 참여 예술의 아카이브 연구, 비판적 수·제작 문화 연구, 디지털인문학 비판, 인터넷 초기 사회문화사 등에 좀 더 집중하고자 한다. 『데이터 사회 미학』, 『데이터 사회 비판』, 『뉴아트행동주의』, 『사이방가르드』, 『옥상의 미학노트』 등을 저술했고 『불순한 테크놀로지』와 공저 『현대 기술·미디어 철학의 갈래들』을 엮었다.

장훈교

제주대학교 공동자원과 지속가능사회 연구센터 전임연구원. '모든 이의 민주주의'라는 이름으로 작은 연구소를 운영하는 꿈을 꾼다. 지은 책으로는 『밀양전쟁-공통자원 기반 급진 민주주의 프로젝트』가 있으며, 다음 책을 준비 중이다.

최혁규

문화사회연구소 운영위원. 문화연대 활동가로 일했으며, 지금은 문화교육 저변에서 일한다. 기술문화와 노동에 꾸준히 관심을 두고 문화이론과 사회과학을 공부하고 있다.

신현우

디지털 문화연구자. 정보자본주의 비판, 게임 연구, 기술·정보 문화연구 등을 연구하며 다양한 저술 활동을 이어오고 있다. 지은 책으로는 『81년생 마리오』(공저) 등이 있다.

박소현

서울과학기술대학교 IT정책대학원 디지털문화정책전공 교수. 「전쟁의 기억과 문화국가론」, 「박물관의 윤리적 미래-박물관 행동주의의 계보를 중심으로」, 「문화정책의 인구정치학적 전환과 예술가의 정책적 위상」, 「이중섭 신화의 또 다른 경로(매체)들-1970년대의 이중섭 평전과 영화를 중심으로」, 「미술사의 소비」 등을 저술했다. 지은 책으로 『모두의 학교-더 빌리지 프로젝트』(공저) 『한국현대미술 읽기』(공저) 『아시아 이벤트-서로 다른 아시아들의 경합』(공저)이 있다.

언메이크랩(최빛나, 송수연)

아티스트 그룹 언메이크랩Unmake Lab의 일원. 인간과 기술, 자연, 사회 사이에 형성되는 상호관계 혹은 구조를 리서치하고 재배치하는 것에 관심을 가진다. 지은 책으로 『일반 자연을 위한 매뉴얼』 『공공도큐멘트3-다들 만들고 계십니까?』(공저) 『불순한 테크놀로지』(공저)가 있다.

전승일

계원대학교 공간예술과 겸임 교수이자 오토마타 아티스트. 스튜디오 미메시스와 오토마타 공작소 대표 감독으로 애니메이션과 오토마타, 키네틱아트 분야에서 교육과 전시 등 다양한 활동을 전개하고 있다. 지은 책으로 『오토마타 공작실』(공저)이 있으며, 주요 전시로 ‹전승일의 생각하는 오토마타›(2017) ‹고구려벽화 오토마타›(2017) ‹하늘세계의 친구들›(2017) ‹스코틀랜드 무빙토이 특별전›(2017) SICAF ‹전승일 오토마타 초청전›(2016) ‹정조대왕 화성 능행차›(2016) 등이 있다.

김성원

생활기술과 놀이멋짓연구소 소장. 크리킨디센터에서 청년들을 가르친다. 지은 책으로 『이웃과 함께 짓는 흙부대 집』 『점화본능을 일깨우는 화덕의 귀환』 『화목난로의 시대』 『근질거리는 나의 손』 등이 있다.